24 FÉVRIER & 15 MAI 1848

OU

COMPTE-RENDU

EXACT ET COMPLET

DES DEUX MÉMORABLES SÉANCES

Du 24 février à la Chambre des Députés et du 15 mai à l'Assemblée nationale

(*Texte officiel du* Moniteur)

DONNANT AVEC LE PLUS GRAND DÉTAIL

TOUTES LES SCÈNES DRAMATIQUES

qui s'y sont passées;

PRÉCÉDÉ D'UN EXPOSÉ SUCCINCT

DES ÉVÉNEMENTS QUI ONT CAUSÉ LA CHUTE

de la

DYNASTIE DE JUILLET.

Prix : 60 cent.

CHEZ L'ÉDITEUR, PLACE DU LOUVRE, 18

ET CHEZ TOUS LES LIBRAIRES DE PARIS ET DES DÉPARTEMENTS

PARIS. — 1848.

AVERTISSEMENT.

Les journaux politiques ont rendu un compte infidèle ou inexact des deux mémorables séances du 24 février et du 15 mai 1848. Ces deux séances se distinguent, l'une par la glorieuse révolution qui en a été la suite, l'autre par l'attentat immense qui s'y est accompli contre la souveraineté du peuple, contre la représentation nationale.

Elles ont, toutes les deux, été remplies par une foule d'incidents dramatiques.

Bien peu de personnes ont eu l'avantage d'assister à ces deux séances dont le souvenir marquera dans l'histoire. Leur importance nous a engagé à les faire imprimer textuellement d'après le *Moniteur Universel* (seul journal officiel) et à les réunir dans une petite brochure. Nous ne doutons pas qu'elle ne soit accueillie favorablement, attendu que les numéros du *Moniteur* qui rendent compte de ces deux séances sont très-rares et se vendent à un prix très-élevé.

ILLUSTRATIONS

DE

LA RÉVOLUTION DE 1848.

Sous ce titre nous recommandons à nos lecteurs les remarquables publications dans lesquelles MM. Goupil, Vibert et compagnie, les célèbres éditeurs d'estampes, ont retracé l'histoire complète de la révolution de février, hommes et événements. Les hommes, ce sont, groupés sur une seule planche, les onze membres du gouvernement provisoire ; c'est la commission exécutive ; ce sont, en portraits séparés, tous les personnages qui ont paru sur la scène : Lamartine et Caussidière, Arago et Louis Blanc, Cabet et Girardin, Buchez, Sénard, Cavaignac, Lamoricière, Changarnier, etc., etc., etc. Tous ont été dessinés d'après nature par Alophe, l'habile peintre de portraits. Les événements ont été reproduits dans une suite de 15 planches, par Victor Adam. Témoin oculaire de presque tous, Adam les a fait revivre sur la pierre dans leur dramatique vérité ; ses dessins fidèles sont le complément indispensable du récit du *Moniteur*. (*Voir sur la couverture le détail des planches et sujets.*)

RÉSUMÉ DES ÉVÉNEMENTS

QUI ONT CAUSÉ

LA CHUTE DE LA DYNASTIE DE JUILLET.

La politique qui a préparé et déterminé la révolution de février, remonte à 1831.

C'est à partir du 9 octobre 1840 que le ministère qui prit le nom de Guizot, se mit corps et âme au service de l'influence royale déguisée dès lors, dans les journaux, sous la désignation significative de *pensée immuable*.

Cette administration n'eut qu'une seule et unique tendance : entourer la royauté et le ministère d'une majorité solide, aveugle, formée à loisir, liée non pas certes par la conviction ou le dévouement, mais par l'intérêt personnel.

En vain la presse indépendante tonnait dans ses articles hardis auxquels l'indignatiou de la forme et l'âpreté du mot donnaient la force d'un acte d'accusation; les procès pleuvaient sur les journaux et éteignaient leur feu.

La corruption n'avait plus de bornes; les puissants ne se contentèrent plus de ce qu'il leur était permis de prendre : ils volèrent! des pairs de France, des fonctionnaires se firent juger criminellement comme des forçats libérés.

La France ne pouvait pas rester inerte devant un tel spectacle. Ceux qui savaient encore s'indigner cherchèrent à éclairer le pays. On réclama la réforme; on s'unit pour la demander avec l'autorité du nombre et de la force.

Le ministère, audacieux jusqu'au bout, vint exhumer une prétendue loi contre le droit de réunion, s'efforça de flétrir aux yeux de la France ce qu'il appelait les passions *aveugles et ennemies* de ses adversaires, et la majorité docile prononça la flétrissure.

Il ne restait plus à l'opposition qu'à protester hautement et à forcer par une manifestation décisive le corps électoral à se prononcer : le banquet du 22 février fut résolu.

JOURNÉE DU 22 FÉVRIER. — Dans la nuit précédente, des agents de police avaient démoli les préparatifs du banquet; mais dès le matin la foule se pressait vers le lieu du rendez-vous. Les habitants de la banlieue ignorant les proclamations liberticides affichées la veille, s'empressaient de venir prendre part à l'imposante manifestation qui devait avoir lieu. De tous les côtés s'élèvent deux cris : *Vive la Réforme! à bas Guizot!*

Le rassemblement, grossi à chaque instant par de nouveaux venus, remplit la place de la Concorde, ses aboutissants et les Champs-Elysées. La foule n'a qu'une voix, et partout les mêmes cris sortent de toutes les bouches.

Le trouble commence à s'étendre. Rue Duphot, rue Saint-Honoré, rue de Rivoli, vers l'Assomption dont on arrache les grilles, on élève des barricades. Partout l'attitude de la garde municipale semble provoquer à dessein la colère de la multitude.

L'ordre de battre le rappel pour assembler la garde nationale avait été adressé à l'état-major de chaque légion, mais d'après un contre-ordre, les citoyens qui ont le plus d'intérêt au maintien de la tranquillité, ne sont pas convoqués.

L'agitation est extrême boulevard des Capucines, devant le ministère des affaires étrangères, où la foule profère des cris d'exécration contre Guizot, malgré un fort détachement de troupes dont le ministère s'est entouré et malgré la garde municipale qui chargeait et sabrait jusque sur les trottoirs.

A cinq heures les Tuileries, le Palais-Royal, les passages se ferment. La place du Carrousel est occupée militairement.

Un rassemblement d'environ deux mille hommes traverse la ville et se dirige vers le Marais, cherchant partout des armes. Un petit nombre d'entre eux brandit des fusils, des bâtons et des piques provenant des grilles de l'Assomption.

Vers le soir, il ne reste de barricades que dans les rues Bourg-l'Abbé, Grenétat, Transnonain, Beaubourg, des Gravilliers. Des luttes graves ont lieu sur ces points; les défenseurs de la liberté tiennent bon et s'y maintiennent toute la nuit.

A dix heures, des piquets de soldats bivouaquent dans les Champs-Elysées, au Carrousel, au marché des Innocents. Des régiments venant de province, arrivent silencieusement renforcer la garnison déjà si nombreuse. L'aspect de Paris a quelque chose de lugubre. Les réverbères brisés dans les Champs-Elysées, sur les boulevarts et dans un grand nombre de rues, plongent une partie de la ville dans l'obscurité.

JOURNÉE DU 23 FÉVRIER. — A présent, la garde nationale n'est plus oubliée. Le rappel bat de bonne heure, et les légions accourent pour maintenir l'ordre ; mais, de tous les rangs de la milice bourgeoise s'élève le cri du peuple : *Vive la Réforme!* Partout la garde nationale s'interpose bravement entre la troupe armée et le peuple.

Des fusillades ont lieu place du Châtelet, place du Caire, rue Bourg-l'Abbé, rue Saint-Denis. Dans la rue Vieille-du-Temple la troupe et le peuple se disputent une formidable barricade qui s'élève à la hauteur d'un premier étage. Cette barricade est surmontée d'un drapeau rouge et n'a pu être enlevée qu'à l'aide du canon. Un homme du peuple, qui a la bravoure de monter dessus pour haranguer ses concitoyens, tombe percé d'une balle.

A cinq heures, des officiers d'état-major se rendent sur tous les points annonçant que Louis-Philippe vient d'exiger la démission de MM. Guizot et Duchâtel, et de composer un ministère provisoire. Aussitôt la joie se répand partout, les croisées s'illuminent, Paris prend un air de fête.

Les troupes postées à la Porte-Saint-Martin et au Château-d'Eau du boulevard Saint-Martin, des bataillons de la ligne, des cuirassiers et des chasseurs, attendent encore l'ordre de se retirer. La paix semble néanmoins rétablie ; la garde nationale, le peuple et la troupe de ligne ont fraternisé, quand une odieuse trahison soulève dans toute la ville un cri de vengeance. Alors que tout faisait supposer que l'unanime accord des citoyens ne serait plus troublé; alors que la foule, ivre d'allégresse, arrivait devant l'hôtel des Capucines, sans armes, sans arrière-pensées, coupée çà et là par des groupes de femmes et d'enfants, chantant sans défiance, poussant des cris inoffensifs et que la nature des dernières proclamations rendait légitimes, une horrible détonation se fait entendre, une décharge à bout portant frappe comme la foudre cette masse désarmée.

Cinquante-deux personnes sont tombées par terre, mortes ou blessées : un cri d'horreur et de vengeance s'élève aussitôt du sein de ce peuple victime d'un guet-apens.

Cette foule se divisant alors en groupes divers, les uns sont restés pour relever les morts et porter les blessés à l'hôpital; les autres, refluant jusqu'au boulevard des Italiens, indignés, exaspérés, crient : *Aux armes! aux armes! On nous assassine!* Quelques-uns, revenant dans les quartiers qu'ils habitent, y apportent ce récit affreux et sèment partout la colère dont ils sont animés.

Un tombereau, portant des cadavres, éclairé par des torches, est porté dans les quartiers éloignés; les assistants font entendre des accents de terrible indignation.

En moins de deux heures, cet événement est connu dans tout Paris. On dirait qu'il n'y a de sommeil pour personne. Des groupes animés stationnent aux coins des rues; on entend tout le monde répéter : *C'est infâme!*

JOURNÉE DU 24. — Les indignes malheurs du boulevard des Capucines, le silence du journal du soir sur la composition d'un nouveau ministère; les fusillades qui durèrent toute la nuit sur différents points de la ville, avaient porté l'exaspération à son comble. On ne pouvait plus douter : la royauté trompait le peuple, si elle n'était pas trompée elle-même.

Durant toute la nuit, les barricades s'organisent : des barricades solides et imprenables comme des redoutes. Cependant M. Thiers est aux Tuileries; Louis-Philippe a compris que le danger est grand; il oublie ses rancunes contre le chef du centre gauche, et il le charge de former un ministère, lui permettant, — nouvelle et terrible humiliation, — de s'adjoindre M. Odilon-Barrot.

Cette combinaison eût paru la veille encore une énorme concession : c'eût été la promesse de la réforme électorale; le 24 au matin, elle n'est plus, aux yeux du peuple qu'un nouveau leurre. Aux barricades on ne crie plus *à bas Guizot;* on ne cri plus *vive la Réforme;* on crie déjà : *Plus de roi!* et quand M. Barrot se présente au peuple, on lui répond : *Il est trop tard!* Quelques patriotes courent au milieu des combattants et les animent au nom magique de la liberté, au cri entraînant de : *Vive la République!*

La révolution serpente dans les rues; sur tous les points le peuple désarme les casernes et les postes. Dès le 23, les insurgés avaient emprunté 20,000 fusils à la fabrique de l'armurier Page, rue Saint-Martin; ils avaient pris, à domicile, les fusils des gardes nationaux trop prudents pour sortir. Désormais, l'insurrection possède une armée!

A une heure, le peuple attaque le Château-d'Eau de la place du Palais-Royal, défendu par le 14e de ligne; la garde nationale se présente l'arme au bras, la garde municipale, rangée près de la rue de Valois, l'accueille par un feu de peloton. C'était le dernier coup! La garde nationale combat; la boucherie commence! Le poste est pris et brûlé. La générosité des vainqueurs épargne les soldats vaincus; quelques citoyens protégent leur fuite par la rue du Musée. En ce moment, le fils de l'amiral Baudin se précipite au milieu des rangs et annonce l'abdication de Louis-Philippe et la régence de madame d'Orléans; le peuple dit encore une fois : *Il est trop tard!* et le cri mille fois répété : *Aux Tuileries!* ébranle le palais des d'Orléans. Tandis que les plus furieux brisent les meubles de l'habitation princière et les brûlent dans les cours, la garde nationale et le peuple s'élancent vers le Carrousel.

Trois mille hommes de la ligne, dix pièces de canon,

les gardiens armés, un bataillon de garde municipale défendent les abords du château ; l'insurrection force les grilles, et un jeune homme, Albert Roche, lieutenant à la 5e légion s'avance en parlementaire vers un état-major nombreux que préside le duc de Nemours.

« Monsieur, dit-il au prince, six légions de la garde nationale, cernent les Tuileries, les citoyens armés les suivent, le combat est imminent, il sera terrible ! et le sang versé retombera sur votre tête, car se sont des frères qui s'égorgent ? » Le prince a compris, il se retire avec les troupes, la garde municipale seule fait feu, elle est terrassée, et quelques minutes plus tard le peuple-roi envahit par toutes les issues le palais de la royauté.

Cependant Louis-Philippe, qui un instant auparavant passait en revue la garnison du château, sort précipitamment avec Marie-Amélie. Il longe la terrasse du bord de l'eau et vient prendre place, au pied de l'Obélisque, dans un petit coupé attelé d'un cheval. C'est ainsi que le dernier roi de France quitta sa capitale sans un bras pour lui servir d'appui et entouré d'une populace armée qui poussait des acclamations en l'honneur de la liberté.

A ce récit succinct, nous ajouterons un extrait du chapitre d'histoire que la *Presse* a publié.

Le 24 février, à sept heures du matin, M. Girardin, rédacteur en chef de la *Presse*, avait déjà parcouru toutes les rues et avait pu se rendre compte par ses yeux de la gravité de la situation ; bien qu'il ne fût plus député, il prend la résolution de se rendre aux Tuileries ; il était environ huit heures lorsqu'il y arriva, après avoir franchi barricades sur barricades.

Il demande à parler au roi ; M. le général Rumigny l'engage à s'adresser d'abord à M. Thiers, qui est à l'état-major du Carrousel avec MM. Barrot, de Rémusat, Duvergier de Hauranne et Lamoricière.

M. Girardin s'y rend et s'efforce de leur faire comprendre que la situation est plus grave qu'ils ne le pensent.....

De l'état-major on revient aux Tuileries : une proclamation est rédigée en toute hâte ; mais où la faire imprimer? Il y a bien là de l'artillerie, mais il n'y a pas d'imprimerie; mieux vaudrait en ce moment une casse et une presse que dix caissons et dix canons. M. Thiers conjure M. Merruau et M. Girardin de faire composer et tirer en toute hâte, aux imprimeries du *Constitutionnel* et de la *Presse*, la proclamation qui vient d'être rédigée et qui annonce la formation du ministère Thiers-Barrot-Duvergier-Rémusat, et la dissolution de la Chambre.

Au même moment, M. Girardin sort des Tuileries; MM. Guizot, de Broglie et d'Haussonville y arrivent à pied. Ils n'y sont pas reçus. — Les secondes sont des heures! Des Tuileries à la rue Montmartre, siége de la *Presse*, pour traverser trente barricades, il faut plus de trente minutes! La proclamation de M. Thiers est composée, tirée. Vainement essaie-t-on de la placarder, elle est huée et aussitôt déchirée. M. Girardin, jugeant par ce fait de la gravité de la situation, prend sur lui de faire composer aussitôt une proclamation en quatre lignes: *Abdication du roi, régence de la duchesse d'Orléans, dissolution de la Chambre, amnistie générale.* Il retourne en toute hâte aux Tuileries. Le roi est étendu dans un grand fauteuil placé près d'une fenêtre. MM. Thiers et Rémusat sont présents; ils se tiennent debout, appuyés près de la cheminée. « Qu'y a-t-il, M. de Girardin? lui demande le roi. — Il y a, Sire, que l'on vous fait perdre un temps précieux, et que si le parti le plus énergique n'est pas immédiatement adopté, dans une heure il n'y aura plus de royauté en France. » M. de Girardin sent aussitôt tous les regards darder sur lui; on cherche s'il n'a pas perdu la raison en s'exprimant ainsi. Il aperçoit à côté de M. Thiers M. Merruau, rédacteur en chef du *Constitutionnel*. « Interrogez, reprend-il vivement, interrogez M. Merruau sur l'accueil qu'a reçu la proclamation qui vient d'être imprimée au *Constitutionnel* et à la *Presse*; demandez-lui si on a permis qu'elle fût placardée..... » Le récit de M. Girardin est confirmé par M. Merruau. Après un moment de silence et d'abattement, la voix du roi se fait entendre pour dire: « Que faire? » M. Girardin répond: « Abdiquer, Sire? —

Abdiquer! — Oui, sans hésiter! et en conférant la régence à Mme la duchesse d'Orléans; car M. le duc de Nemours ne serait pas accepté... » M. le duc de Montpensier s'approche du roi et le presse d'abdiquer. Le roi dit: « J'abdique... » La régence de Mme la duchesse d'Orléans est acceptée. Le bruit des coups de fusil se fait plus distinctement entendre. Déjà l'on peut prévoir que les Tuileries ne tarderont pas à être attaquées. « Partez, partez, M. Girardin. » M. Girardin part sans autre garantie que la parole du roi. Au coin de la rue de Richelieu et de la rue Saint-Honoré, il est arrêté par les nombreux gardiens de la barricade; il leur annonce *l'abdication du roi, la régence de la duchesse d'Orléans, la dissolution de la Chambre, l'amnistie générale*. Des acclamations de joie se font entendre. M. Girardin passe et arrive à la place du Palais-Royal, où les feux se croisent entre le poste du Château-d'Eau et le peuple retranché derrière les colonnes et la grille de la cour du Palais. Vainement M. Girardin essaie de faire cesser le feu. Le général Lamoricière arrive à cheval; il n'est pas plus heureux dans les efforts qu'il fait; il l'est moins encore, car il est blessé au bras. Après une heure perdue en exhortations étouffées par le sifflement des balles, M. Girardin retourne aux Tuileries, où il ne retrouve plus ni roi, ni princes, ni ministres dans le cabinet où il les avait laissés. Louis-Philippe venait de fuir avec la reine et quelques membres de la famille royale, tandis que la duchesse d'Orléans, accompagnée de ses deux fils et des ducs de Nemours et de Montpensier, se présentait comme régente à la Chambre des députés.

CHAMBRE DES DÉPUTÉS.

Séance du 24 février 1848.

La chambre était aujourd'hui convoquée pour une heure dans les bureaux; mais les députés se pressent dans la salle des séances et font appeler M. le président, qui, à midi et demi vient prendre place au fauteuil.

M. de Bussières, un des secrétaires, donne lecture du procès-verbal, qui est adopté.

M. CHARLES LAFFITTE. Je demande la parole.

M. LE PRÉSIDENT. Messieurs, attendu la gravité des circonstances qui pèsent sur le pays...

M. DE CAMBACÉRÈS. Monsieur le président, il y a dans la salle des conférences un grand nombre de députés; dans une circonstance aussi grave, il faut les appeler. (Oui! oui!)

M. LE PRÉSIDENT. Huissiers, allez chercher MM. les députés.

(MM. les députés entrent dans la salle livrée à la plus vive animation.)

M. LE PRÉSIDENT. Attendu la gravité des circonstances qui pèsent sur la capitale du royaume, j'ai été invité de toutes parts à ouvrir la séance publique, et comme la chambre se réunissait précisément pour se rendre dans ses bureaux, et comme d'ailleurs les précédents l'autorisent, j'ai fait une convocation publique immédiate. J'ai cru devoir substituer la séance publique à la réunion des bureaux. (Approbation unanime.)

M. CHARLES LAFFITTE. Messieurs, je n'occuperai pas longtemps la tribune.

Je m'adresse à tous, je les prie de faire taire toutes les passions en ce moment. Je m'adresse à la droite, au centre, à la gauche ; c'est surtout des extrémités que j'espère recevoir quelque appui. (Mouvement.)

Je propose à la chambre, vu les circonstances et sans entrer dans des explications inutiles, messieurs, vous le sentez tous, puisqu'elles sont présentes à tous les esprits, je propose à la chambre de se déclarer en permanence. Je crois que je n'ai pas besoin de donner de développements. (Non ! non ! — Assez ! assez !)

Voix nombreuses. Oui ! oui ! en permanence !

M. DUTIER. Je demande que cette proposition soit ajournée, et que, pour l'instant, la chambre déclare simplement qu'elle se maintient en séance, sauf à prendre plus tard telle détermination qu'exigeront les circonstances. (Oui ! oui ! — Appuyé !)

M. DE CAMBACÉRÈS. Je demande que la chambre reste en permanence jusqu'à la fin de la crise. (Oui ! oui !)

M. LE PRÉSIDENT. Il ne peut pas être question de permanence autre que celle-ci : la chambre a ouvert sa séance, et elle restera ouverte tant qu'il ne sera pas fait motion de la lever. La chambre s'est réunie seulement en séance publique à l'heure où elle devait se réunir dans les bureaux. (Très-bien ! très-bien !)

(La séance demeure suspendue.)

Une vive agitation règne dans l'assemblée, dont tous les membres paraissent gravement préoccupés. Le nom de M. Odilon Barrot, qui, dit-on a été nommé président du conseil, est prononcé par beaucoup de membres qui semblent étonnés de son absence. Le bruit se répand de l'abdication du roi en faveur du comte de Paris, sous la régence de Mme la duchesse d'Orléans.

A une heure et demie, on annonce que Mme la duchesse d'Orléans et M. le comte de Paris vont se rendre à la séance.

Au même instant, en effet, Mme la duchesse d'Orléans entre, tenant M. le comte de Paris d'une main et M. le duc de Chartres de l'autre. De vives acclamations l'accueillent. Un grand nombre de membres de diverses parties de la chambre font entendre les cris de : *Vive la duchesse d'Orléans! vive le comte de Paris! vive le roi! vive la régente!*

Mme la duchesse d'Orléans et ses enfants prennent place sur des siéges que l'on a disposés à la hâte dans l'hémicycle, au pied de la tribune. M. le duc de Nemours accompagne Mme la duchesse d'Orléans. Plusieurs officiers et des gardes nationaux en uniforme lui servent d'escorte.

Un certain nombre de personnes étrangères à la chambre entrent aussi dans la salle et se tiennent debout dans les deux couloirs.

Une grande anxiété se peint sur toutes les physionomies.

M. LACROSSE, *au milieu du bruit.* Je demande que la parole soit donnée à M. Dupin qui vient d'amener M. le comte de Paris dans la chambre.

M. DUPIN. Je ne l'ai pas demandée!

Voix nombreuses. Parlez! parlez!

M. DUPIN, *à la tribune.* (Ecoutez! écoutez!) Messieurs, vous connaissez la situation de la capitale, les manifestations qui ont eu lieu. Elles ont eu pour résultat l'abdication de S. M. Louis-Philippe qui a déclaré en même temps qu'il déposait le pouvoir et qu'il le laissait à la libre transmission sur la tête du comte de Paris avec la régence de Mme la duchesse d'Orléans. (Vives acclamations. — Cris nombreux : *Vive le Roi! vive le comte de Paris! vive la régente!*)

Messieurs, vos acclamations, si précieuses pour le nouveau roi et pour Mme la régente, ne sont pas les premières qui l'aient saluée ; elle a traversé à pied les Tuileries et la place de la Concorde, escortée par le peuple, par la garde nationale. (Bravo! bravo!) exprimant ce vœu comme il est au fond de son cœur, de n'administrer qu'avec le sentiment profond de l'intérêt public, du vœu national, de la gloire et de la prospérité de la France. (Nouveaux bravos.)

(M. Dupin descend de la tribune.)

Plusieurs membres. M. Barrot! M. Barrot à la tribune!

D'autres membres. Il est absent!

M. DUPIN, *de sa place.* Il me semble que la chambre, par ses acclamations unanimes, vient d'exprimer un sentiment non équivoque qui doit être constaté.

Voix nombreuses. Oui! oui!

Voix diverses à gauche et à l'extrême gauche. Non! non! — Attendons M. Barrot! — Un gouvernement provisoire!

M. DUPIN. Je demande, en attendant que l'acte d'abdication, qui nous sera remis probablement par M. Barrot, soit parvenu, que la chambre fasse inscrire au procès-verbal les acclamations qui ont accompagné ici et salué dans cette enceinte le comte de Paris comme roi des Français et Mme la duchesse d'Orléans comme régente, sous la garantie du vœu national. (Oui! oui! Bravo! — Non! — Vive et universelle agitation.)

M. LE PRÉSIDENT. Messieurs, il me semble que la chambre par ses acclamations unanimes.... — (Approbation au centre. — Réclamations à gauche et à droite et de la part des spectateurs qui sont entrés dans les couloirs.)

M. DUPIN. Je constate avant tout les acclamations du peuple et de la garde nationale.....

(M. Marie demande la parole et monte à la tribune. — Le bruit et l'agitation l'empêchent de se faire entendre.)

M. DE LAMARTINE, *de sa place*. Je demande à M. le président de suspendre la séance par le motif du respect que nous inspire la présence, au sein de la représentation nationale, de l'auguste princesse qui est ici devant nous. (Non! non! — Oui!)

M. LE PRÉSIDENT. La chambre va suspendre sa séance jusqu'à ce que Mme la duchesse d'Orléans et le nouveau roi se soient retirés. (Non! non!)

(M. le duc de Nemours et plusieurs députés s'approchent de Mme la duchesse d'Orléans et paraissent l'engager à se retirer. La princesse semble s'y refuser et garde sa place.)

M. LHERBETTE, *s'adressant à M. le président*. Mme la duchesse d'Orléans désire rester ici.

(Le bruit et l'agitation redoublent.)

M. LE PRÉSIDENT. Tout le monde, sans distinction d'opinion, doit comprendre qu'en présence d'une auguste princesse et de son fils, le silence et le respect sont le devoir de tous.

(Bruits divers. — M. Marie occupe toujours la tribune. — Mme la duchesse d'Orléans et ses enfants restent debout dans l'hémicycle, entourés d'un grand nombre de députés.)

M. LE GÉNÉRAL OUDINOT. Je demande à la chambre un instant d'attention. (Ecoutez! écoutez!)

On fait appel à tous les sentiments généreux.

La princesse, on vous l'a dit, a traversé les Tuileries et la place de la Concorde, seule, à pied, avec ses enfants, aux acclamations publiques. Si elle désire se retirer, que les issues lui soient ouvertes, que nos respects l'entourent comme elle était entourée tout à l'heure des respects de la ville de Paris. Accompagnons-la où elle veut aller...... (Interruption.) Si elle demande à rester dans cette enceinte, qu'elle reste, et elle aura raison, car elle sera protégée par notre dévouement. (Très-bien !)

M. LE PRÉSIDENT. La première mesure à prendre, c'est d'inviter toutes les personnes étrangères à la chambre à sortir de l'enceinte. (Non ! non ! dans les couloirs.)

La chambre ne peut pas délibérer. Messieurs, par respect pour la chambre et pour la constitution, veuillez vous retirer. (Non ! non !)

(En ce moment, Mme la duchesse d'Orléans semble céder aux invitations qu'on lui adresse. Précédée du duc de Nemours et suivie de ses deux enfants, elle monte les degrés de la salle par le couloir du centre, qui conduit à la porte placée au-dessous de l'horloge. Mais, arrivée aux derniers bancs du centre gauche, elle y prend place, toujours entourée du même cortége, au milieu des acclamations de la chambre presque entière. MM. les députés de l'extrême gauche restent impassibles à leurs places. Le nombre des gardes nationaux et des personnes étrangères à la chambre augmente à chaque instant dans les couloirs.)

M. LE PRÉSIDENT. J'invite de nouveau toutes les personnes étrangères à la chambre à se retirer ; la chambre va délibérer.

M. MARIE, *s'adressant aux gardes nationaux en armes.* Messieurs, sortez, pour que la chambre puisse délibérer. (Non ! non !)

M. LE PRÉSIDENT. Souvenez-vous, messieurs, que la représentation nationale est un dépôt sacré confié à la ville de Paris et à la garde nationale. La chambre ne peut pas délibérer en présence d'étrangers. (Non ! non !)

(En ce moment, M. Odilon Barrot entre dans la salle. Un grand nombre de députés l'entourent.)

M. OSMONT. Il faut laisser parler M. Odilon Barrot !

(M. Marie, à la tribune, se dispose à prendre la parole.)

Plusieurs voix. M. Odilon Barrot ! M. Odilon Barrot !

M. CRÉMIEUX. Laissez parler M. Marie ! M. Odilon Barrot viendra... (Interruption.)

M. MARIE. Messieurs, dans la situation où se trouve Paris, vous n'avez pas un moment à perdre pour prendre des mesures qui puissent avoir autorité sur la population. Depuis ce matin, le mal a fait d'immenses progrès, et, si vous tardez encore à prendre des mesures par des délibérations inutiles, vous ne savez pas jusqu'à quel point le désordre peut aller. Il est donc urgent de prendre un parti. Quel parti prendre?

On vient de proclamer la régence de Mme la duchesse d'Orléans. Vous avez une loi qui a nommé le duc de Nemours régent. Vous ne pouvez pas aujourd'hui faire une régence; c'est certain, il faut que vous obéissiez à la loi.

Cependant, il faut aviser; il faut, à la tête de la capitale comme à la tête de tout le royaume, d'abord un gouvernement imposant. Je demande qu'un gouvernement provisoire soit constitué. (Bravo! bravo! dans les tribunes.) Quand ce gouvernement aura été constitué, il avisera; il pourra aviser, concurremment avec les chambres, et il aura autorité dans ce pays. Ce parti pris, à l'instant même il faut le faire connaître dans Paris. C'est le seul moyen d'y rétablir la tranquillité. Il ne faut pas, en pareil moment, perdre son temps en vains discours.

Voici, messieurs, ma proposition : je demande que sur-le-champ un gouvernement provisoire soit organisé.

(M. de Genoude se dirige vers la tribune; plusieurs membres l'engagent à ne pas prendre la parole.)

M. de Genoude. Je n'ai pas d'autres intérêts que les intérêts du pays.

Plusieurs membres. Laissez vos intérêts de côté!

M. Crémieux. Dans un pareil moment, il est impossible que tout le monde soit d'accord pour proclamer Mme la duchesse d'Orléans pour régente, et M. le comte de Paris pour roi; la population ne peut pas accepter immédiatement cette proclamation. En 1830, nous nous sommes fort hâtés, et nous voici obligés, en 1848, de recommencer. (Bravo! bravo!) Nous ne voulons pas, messieurs, nous hâter en 1848; nous voulons procéder régulièrement, légalement, fortement.

Le gouvernement provisoire... (Bravo! bravo!) que vous nommerez ne sera pas seulement chargé de maintenir l'ordre, mais de nous apporter ici des institutions qui protégent toutes les parties de la population : ce qui lui avait été promis et ce qu'il n'a pas pu trouver depuis 1830. (Bravo! bravo!)

Quant à moi, je vous le déclare, j'ai le plus profond respect pour Mme la duchesse d'Orléans... (Bravo! bravo! — Ces bravos qui partent des bancs du centre sont étouffés par des cris et par le tumulte des tribunes)... et j'ai conduit tout à l'heure, j'ai eu ce triste honneur, la famille royale jusqu'aux voitures qui l'emportent dans son voyage;

je n'ai pas manqué à ce devoir, et j'ajouterai que toutes les populations qui étaient répandues sur la route ont parfaitement accueilli le malheureux roi et sa malheureuse famille. (Rumeur tumultueuse.)

Mais maintenant, messieurs, la généralité de la population parisienne, la fidèle garde nationale, ont manifesté leur opinion légale; eh bien, la proclamation qui vous est proposée dans ce moment violerait la loi qui est déjà portée.

Nommons un gouvernement provisoire; qu'il soit juste, ferme, vigoureux, ami du pays, auquel il puisse parler, pour lui faire comprendre que, s'il a des droits que tous nous saurons lui donner, il a aussi des devoirs qu'il doit savoir remplir.

Croyez-nous un peu, nous vous en supplions; nous sommes arrivés aujourd'hui à ce que devait nous donner la révolution de Juillet. Nous n'avons pas voulu le changement de quelques hommes. Sachons profiter des événements, et ne laissons pas à nos fils le soin de renouveler cette révolution.

Je demande l'institution d'un gouvernement provisoire composé de cinq membres. (Approbation à gauche et dans les tribunes.)

M. DE GENOUDE. Je le demande à tout le monde... (Interruption.) Vous ne pouvez faire ni un gouvernement provisoire, ni une régence; il faut que la nation soit convoquée, si vous avez quelque chose à faire. (Interruption.) Je dis qu'il n'y a rien sans le consentement du peuple. C'est comme en 1830, vous ne l'avez pas appelé, voyez ce qui vous arrive; ce sera la même chose, et vous verrez les plus grands malheurs surgir de ce que vous ferez aujourd'hui. (Agitation.)

M. ODILON BARROT. (Ecoutez! écoutez!) Jamais nous n'avons eu plus besoin de sang-froid et de prudence! (C'est vrai!) Puissiez-vous être tous unis dans un même sentiment: celui de sauver le pays du plus détestable des fléaux, la guerre civile. (Très-bien! très-bien!) Les nations ne meurent pas; mais elles peuvent s'affaiblir dans des dissensions intestines, et jamais la France n'a eu plus besoin de toute sa grandeur et de toute sa force.

Notre devoir est tout tracé. Il a heureusement cette simplicité qui saisit toute une nation; il s'adresse à ce qu'elle a de plus généreux et de plus intime, à son courage, à son honneur.

La couronne de Juillet repose sur la tête d'un enfant et d'une femme. (Vives acclamations au centre.)

(Madame la duchesse d'Orléans se lève et salue l'assemblée. Elle invite le comte de Paris à l'imiter, ce qu'il fait.)

M. ODILON BARROT. Je fais un appel solennel...

M. DE LA ROCHEJAQUELEIN. Vous ne savez ce que vous faites!

(Madame la duchesse d'Orléans se lève comme pour parler.)

Plusieurs voix. Ecoutez! écoutez! Laissez parlez madame la duchesse!

D'autres membres. Continuez, monsieur Barrot!

M. ODILON BARROT. C'est au nom de la liberté politique dans notre pays, c'est au nom des nécessités de l'ordre surtout, au nom de notre union et de notre accord dans des circonstances si difficiles, que je demande à tout mon pays de se rallier autour de ses représentants, de la révolution de Juillet. Plus il y a de grandeur et de générosité à maintenir et à relever ainsi la pureté et l'innocence, et plus mon pays s'y dévouera avec courage. Quant à moi, je serai heureux de consacrer mon existence, tout ce que j'ai de facultés dans ce monde, à faire triompher cette cause qui est celle de la vraie liberté dans mon pays. (Bravos au centre.)

M. DE LA ROCHEJAQUELEIN. Je demande la parole.

M. ODILON BARROT. Est-ce que par hasard on prétendrait remettre en question ce que nous avons décidé par la révolution de Juillet? (Très-bien! très-bien!)

Messieurs, la circonstance est difficile, j'en conviens; mais il y a dans ce pays de tels éléments de grandeur, de générosité et de bon sens, que je suis convaincu qu'il suffit de leur faire appel pour que la population de Paris se lève autour de cet étendard. (Oui! oui!)

Il y a là tous les moyens d'assurer toute la liberté à laquelle ce pays a le droit de prétendre, de la concilier avec toutes les nécessités de l'ordre qui lui est si nécessaire, de rallier toutes les forces vives de ce pays et de traverser les grandes épreuves qui lui sont peut-être réservées.

Ce devoir est simple, tracé par l'honneur, par les véritables intérêts du pays. Si nous ne savons pas le remplir avec fermeté, persévérance, courage, je ne sais quelles peuvent en être les conséquences; mais soyez convaincus, comme je le disais en commençant, que celui qui a le courage de prendre la responsabilité d'une guerre civile au sein de notre noble France, celui-là est coupable au premier chef, celui-là est criminel envers son pays et envers la liberté de la France et du monde entier.

Quant à moi, messieurs, je ne puis prendre cette responsabilité. La régence de la duchesse d'Orléans, un ministère pris dans les opinions les plus éprouvées, vont donner plus de gage à la liberté ; et puisse un appel au pays, à l'opinion publique, dans toute sa liberté, se prononcer alors, et se prononcer sans s'égarer jusqu'à des prétentions rivales de la guerre civile...

M. Ledru-Rollin. Je demande la parole.

M. Barrot, *continuant*. Se prononcer au nom des intérêts du pays et de la vraie liberté, voilà, quant à moi, quel est mon avis, quelle est mon opinion ; je ne pourrais pas prendre la responsabilité d'une autre situation.

M. de la Rochejaquelein. Nul plus que moi ne respecte et ne sent profondément ce qu'il y a de beau dans certaines situations. Je n'en suis pas à ma première épreuve.

Je répondrai à l'honorable M. Odilon Barrot que je n'ai pas la folle prétention de venir ici élever des prétentions contraires ; non ! mais je crois que M. Odilon Barrot n'a pas servi, comme il aurait voulu les servir, les intérêts pour lesquels il est monté à cette tribune, en s'avançant autant qu'il a fait. (Bruit.)

Messieurs, il appartient peut-être bien à ceux qui, dans le passé, ont toujours servi les rois de parler maintenant du pays et de parler du peuple.

Quelques voix. Bien ! très-bien !

M. de la Rochejaquelin. Aujourd'hui, vous n'êtes rien ici ; vous n'êtes plus rien !...

Au centre. Comment donc ! comment donc !

M. de Mornay. Nous ne pouvons accepter cela.

M. le Président. Monsieur, vous vous écartez de l'ordre ; je vous rappelle à l'ordre.

M. de la Rochejaquelin. Permettez-moi de parler.

Quand je dis que vous n'êtes rien, en vérité je ne croyais pas soulever des orages. Ce n'est pas moi, député, qui vous dirai que la chambre des députés n'existe plus comme chambre. Je dis qu'elle n'existe plus comme.... (Interruption.) Je dis, messieurs, qu'il faut convoquer la nation, et alors...

(En ce moment une foule d'hommes armés, gardes nationaux, étudiants, ouvriers, pénètre dans la salle des séances et arrive jusqu'à l'hémicycle. Plusieurs sont porteurs de drapeaux. Un tumulte général se produit dans l'assemblée. La plupart des membres siégeant aux bancs des centres refluent vers les banquettes supérieures. Les cris : *Nous voulons la déchéance du Roi! la déchéance! la déchéance!* sont poussés par ceux qui paraissent marcher à la tête de la foule.)

M. DE MORNAY. Monsieur le président, suspendez, mais ne levez pas la séance.

M. LE PRÉSIDENT, *se couvrant.* Il n'y a point de séance en ce moment.

(Un orateur étranger à la chambre, M. Chevalier, ancien rédacteur de la *Bibliothèque historique* escalade la tribune. — Cris et confusion générale.)

Messieurs, dit cet orateur, croyez à la modération de mes paroles. (Bruit. — Vous n'avez pas le droit de parler!) Je viens vous proposer le seul expédient qui puisse vous tirer d'embarras. Si vous voulez sauver la situation, vous n'avez qu'une chose à faire. Écoutez-moi! Gardez-vous de proclamer sans droit le comte de Paris; mais que la duchesse d'Orléans et le comte de Paris aient le courage de se rendre sur les boulevards au milieu du peuple et de la garde nationale; je réponds de leur salut. Si le peuple ne consent pas à lui déférer le pouvoir....

Voix dans la foule. Vive la république! (Assez! assez!)

M. CHEVALIER. La seule chose que vous ayez à faire dans ce moment, c'est de nous donner un gouvernement, c'est de le faire à l'instant même; vous ne pouvez pas laisser toute une population sans magistrats, c'est là le premier besoin que vous ayez à satisfaire... (Le bruit couvre la voix de l'orateur.) Il faut que le comte de Paris soit porté sur le pavois aux chambres.

Un membre de la chambre. Il est venu ici tout à l'heure! il est ici!

M. CHEVALLIER. Si vous hésitez...

(Les regards se portent vers le sommet de l'amphithéâtre où s'étaient assis la duchesse d'Orléans et ses enfants. Mais au moment de l'invasion de la salle par la multitude, la princesse, les princes et ceux qui les accompagnaient sont sortis par la porte qui fait face à la tribune.)

M. CHEVALLIER. Si, disais-je, vous hésitez... (La voix de l'orateur peut à peine couvrir le bruit), vous êtes sûrs de voir proclamer la république...

(Le trouble et la confusion sont à leur comble.)

Un citoyen en costume d'officier d'état-major de la garde nationale, qu'on nous dit être M. Dumoulin, commandant de l'Hôtel-de-Ville en juillet 1830, monte à la tribune et pose sur le marbre la hampe d'un drapeau tricolore.

« Messieurs, s'écrie M. Dumoulin, le peuple a reconquis son indépendance et sa liberté aujourd'hui comme en 1830. Vous savez que le trône vient d'être brisé aux Tuileries et jeté par la fenêtre. »

(MM. Crémieux, Ledru-Rollin et Lamartine paraissent en même temps à la tribune.)

Voix dans la foule. Plus de Bourbon! — A bas les traîtres! — Un gouvernement provisoire immédiatement!

(Clameurs confuses. — Beaucoup de députés se retirent par la porte du fond.)

M. LEDRU-ROLLIN, *s'adressant aux hommes de la foule.* Au nom du peuple que vous représentez, je vous demande le silence.

Voix du peuple. Au nom de M. Ledru-Rollin, silence!

M. LEDRU-ROLLIN. Messieurs, au nom du peuple, je vous demande un instant de silence!

Un homme du peuple. Un gouvernement provisoire!

M. MAUGUIN. Soyez tranquilles! vous aurez un gouvernement provisoire!

M. LEDRU-ROLLIN. Au nom du peuple partout en armes, maître de Paris quoi qu'on fasse. (Oui! oui!), je viens protester contre l'espèce de gouvernement qu'on est venu proposer à cette tribune. (Très-bien! très-bien! — Bravos dans la foule.) Je ne fais pas comme vous une chose nouvelle, car en 1842, lors de la discussion de la loi de régence, seul dans cette enceinte, j'ai déclaré qu'elle ne pouvait point être faite sans un appel au pays. (C'est vrai! — Très-bien!)

M. DE LA ROCHEJAQUELEIN. Et moi, donc!

Une voix. Oui! La Rochejaquelein aussi!

M. LEDRU-ROLLIN. On vient tout à l'heure de vous parler de la glorieuse révolution de 1830. Prenons bien garde que les hommes qui en parlent ainsi n'en connaissent pas le véritable esprit, et ne veuillent pas surtout en respecter la constitution.

En 1791, dans le texte même de la constitution, on a déclaré que l'assemblée constituante, l'assemblée constituante, comprenez-le bien! avec des pouvoirs spéciaux, n'avait pas le droit de faire une loi de régence, et qu'il fallait un appel au pays pour la faire.

Voix nombreuses. Oui ! oui ! — C'est évident !

M. Ledru-Rollin. C'est le texte même de la constitution de 1791.

Or, messieurs, depuis deux jours nous nous battons pour le droit. Eh bien ! si vous résistez, et si vous prétendez qu'un gouvernement par acclamation, un gouvernement éphémère qu'emporte la colère révolutionnaire, si vous prétendez que ce gouvernement existe, nous nous battrons encore au nom de la constitution de 91 qui plane sur le pays, qui plane sur notre histoire, et qui veut qu'il y ait un appel fait à la nation pour qu'une régence soit possible.

Une voix. Ce n'est pas possible autrement !

M. Ledru-Rollin. Ainsi, pas de régence possible...

Voix nombreuses. Nous n'en voulons pas !

M. Ledru-Rollin. Pas de régence possible, ainsi qu'on vient d'essayer de l'implanter d'une façon que je dirai véritablement singulière et usurpatrice.

Comment ! tout à coup, sans nous laisser délibérer, vous-même majorité, venir briser la loi que vous avez faite contre nos efforts en 1842 ! Vous ne le voudriez pas ! C'est un expédient qui n'a pas de racines dans le pays.

Au nom du droit, du droit que dans les révolutions mêmes il faut savoir respecter, car on n'est fort que par le droit, je proteste, au nom du peuple, contre votre nouvelle usurpation. (Bravo ! bravo ! — Vive Ledru-Rollin !)

Vous avez parlé d'ordre, d'effusion de sang.

Ah ! l'effusion de sang nous touche, car nous l'avons vue d'aussi près que personne. Eh bien ! nous vous déclarons encore ceci : l'effusion de sang ne peut cesser que quand les principes et le droit seront satisfaits ; et ceux-là qui viennent de se battre se battront encore ce soir si l'on méconnaissait leurs droits. (Oui ! oui !)

Au nom de ce peuple qui est tout, je vous demande quelle espèce de garanties votre gouvernement, qu'on intronisait, qu'on essayait d'introniser tout à l'heure, quelles garanties il nous donne ? (Bravos dans la foule.)

Une personne qui s'est assise sur les bancs du centre, en face de la tribune, se lève et s'écrie : « Je déclare que les paroles qui sont proférées ici..... » — (Interruption.)

Les députés qui se trouvent placés auprès de cette personne l'invitent à se taire. — Non ! non ! s'écrie-t-elle, je protesteʼ..... — Bruit général. — L'interlocuteur est entraîné hors de la salle par les efforts mêmes des députés.

M. BERRYER, *s'adressant à M. Ledru-Rollin*. Pressez la question ! concluez ! — Un Gouvernement provisoire !

M. LEDRU-ROLLIN. Messieurs, en parlant ainsi au nom du peuple, j'ai la prétention, je le répète, de rester dans le droit, et j'invoque deux souvenirs : (Concluez ! concluez !)

En 1815, Napoléon a voulu abdiquer en faveur du roi de Rome. Le pays était debout, le pays s'y est refusé.

En 1830, Charles X a voulu abdiquer pour son petit-fils. Le pays était debout, le pays s'y est refusé.

M. BERRYER. Concluez ! nous connaissons l'histoire.

M. LEDRU-ROLLIN. Aujourd'hui, le pays est debout, et vous ne pouvez rien faire sans le consulter.

Je demande donc, pour me résumer, un Gouvernement provisoire (Oui ! oui !), non pas nommé par la chambre, (Non ! non !) mais par le peuple ; un Gouvernement provisoire, et un appel immédiat à une convention qui régularise les droits du peuple. (Bravo ! bravo !)

(M. de Lamartine, qui est resté à la tribune, s'avance pour prendre la parole.)

Plusieurs voix. Lamartine ! Lamartine ! (Les applaudissements éclatent. — Écoutez ! écoutez !)

M. DE LAMARTINE. Messieurs, j'ai partagé aussi profondément que qui que ce soit parmi vous le double sentiment qui a agité tout à l'heure cette enceinte en voyant un des spectacles les plus touchants que puissent présenter les annales humaines, celui d'une princesse auguste se défendant avec son fils innocent, et venant se jeter du milieu d'un palais désert au milieu de la représentation du peuple. (Très-bien ! très-bien ! — Ecoutez ! écoutez ! — On n'a pas entendu ! Répétez !)

Je demande à répéter ma phrase et je vous prie d'attendre celle qui va la suivre.

Je disais, messieurs, que j'avais partagé aussi profondément que qui que ce soit dans cette enceinte le double sentiment qui l'avait agitée tout à l'heure. Et ici je ne fais aucune distinction, car le moment n'en veut pas, entre la représentation nationale et la représentation des citoyens, de tout le peuple, et de plus c'est le moment de l'égalité, et cette égalité ne servira, j'en suis sûr, qu'à faire reconnaître la hiérarchie de la mission que des hommes spéciaux ont reçue de leur pays, pour donner, non pas l'apaisement, mais le premier signal du rétablissement de la concorde et de la paix publique. (Bravo! bravo!)

Mais, messieurs, si je partage l'émotion qu'inspire ce spectacle attendrissant des plus grandes catastrophes humaines, si je partage le respect qui vous anime tous, à quelque opinion que vous apparteniez, dans cette enceinte, je n'ai pas partagé moins vivement le respect pour ce peuple glorieux qui combat depuis trois jours pour redresser un gouvernement perfide, et pour rétablir sur une base désormais inébranlable l'empire de l'ordre et l'empire de la liberté. (Applaudissements.)

Messieurs, je ne me fais pas l'illusion qu'on se faisait tout à l'heure à cette tribune; je ne me figure pas qu'une acclamation spontanée arrachée à une émotion et à un sentiment publics puisse constituer un droit solide et inébranlable pour un gouvernement de 35 millions d'hommes.

Je sais que ce qu'une acclamation proclame, une autre acclamation peut l'emporter, et quel que soit le gouvernement qu'il plaise à la sagesse et aux intérêts de ce pays de se donner, dans la crise où nous sommes, il importe au peuple, à toutes les classes de la population, à ceux qui ont versé quelques gouttes de leur sang dans cette lutte, d'en cimenter un gouvernement populaire, solide, inébranlable enfin. (Applaudissements.)

Eh bien! messieurs, comment le faire? Comment le trouver parmi ces éléments flottants, dans cette tempête où nous sommes tous emportés, et où une vague vient surmonter à l'instant même la vague qui vous a apportés jusque dans cette enceinte? Comment trouver cette base inébranlable? en descendant dans le fond même du pays, en allant extraire, pour ainsi dire, ce grand mystère du droit national (sensation profonde), d'où sort tout ordre, toute vérité, toute liberté.

C'est pour cela que, loin d'avoir recours à ces subterfuges, à ces surprises, à ces émotions, dont un pays, vous le voyez, se repent tôt ou tard, (oui! oui!) lorsque ces fictions viennent à s'évanouir, en ne laissant rien de solide, de permanent, de véritablement populaire et d'inébranlable sous les pas du pays; c'est pour cela que je viens appuyer de toutes mes forces la double demande que j'aurais faite le premier à cette tribune, si on m'avait laissé monter au commencement de la séance, la demande, d'abord d'un gouvernement, je le reconnais, de nécessité, d'ordre public, de circonstance, d'un gouvernement qui étanche le sang qui coule, d'un gouvernement qui arrête la guerre civile entre les citoyens... (Acclamations.)

(L'un des hommes de la foule, qui est debout dans l'hémicycle, remet son sabre dans le fourreau, en disant : « Bravo ! bravo ! »)

Une voix. Plus de royauté !

M. DE LAMARTINE... D'un gouvernement qui suspende ce malentendu terrible qui existe depuis quelques années entre les différentes classes de citoyens, et qui, en nous empêchant de nous reconnaître pour un seul peuple, nous empêche de nous aimer et de nous embrasser. (Très-bien ! très-bien !)

Je demande donc que l'on constitue à l'instant, du droit de la paix publique, du droit du sang qui coule, du droit du peuple qui peut être affamé du glorieux travail qu'il accomplit depuis trois jours, je demande que l'on constitue un gouvernement provisoire... (Bravo ! bravo !), un gouvernement qui ne préjuge rien, ni de nos droits, ni de nos ressentiments, ni de nos sympathies, ni de nos colères, sur le gouvernement définitif qu'il plaira au pays de se donner quand il aura été consulté. (C'est cela ! c'est cela !)

Je demande donc un gouvernement provisoire. (Oui ! oui !)

De toutes parts. Les noms des membres du gouvernement provisoire !

(Plusieurs personnes présentent une liste à M. de Lamartine.)

M. DE LAMARTINE. Attendez !

Ce gouvernement provisoire aura pour mission, selon moi, pour première et grande mission, 1° d'établir la trêve indispensable, la paix publique entre les citoyens ; 2° de préparer à l'instant les mesures nécessaires pour convoquer le pays tout entier, et pour le consulter, pour consulter la garde nationale tout entière (Oui ! oui !), le pays tout entier, tout ce qui porte dans son titre d'homme les droits du citoyen. (Applaudissements prolongés.)

Un dernier mot.

Les pouvoirs qui se sont succédé depuis cinquante ans...

(A ce moment, on entend retentir du dehors des coups violents aux portes de l'une des tribunes publiques. Les portes cèdent bientôt sous des coups de crosses de fusils. Des hommes du peuple mêlés de gardes nationaux y pénètrent en criant : « A bas la chambre ! pas de députés ! » Un de ces hommes abaisse le canon de son fusil dans la direction du bureau. Les cris : « Ne tirez pas ! ne tirez pas ! c'est

M. de Lamartine qui parle ! » retentissent avec force. Sur les instances de ses camarades, l'homme relève son fusil.)

M. le président, qui est resté au fauteuil, réclame le silence en agitant violemment sa sonnette.

Le bruit et le tumulte acquièrent la plus grande intensité.)

M. LE PRÉSIDENT. Puisque je ne puis obtenir le silence, je déclare la séance levée.

(M. Sauzet quitte le fauteuil après avoir prononcé ces paroles.)

Ici l'assemblée de la chambre des députés cesse ; mais le peuple armé de fusils, de sabres, mêlé aux gardes nationaux, et un certain nombre de députés, principalement de députés de la gauche, restent dans la salle.

Un grand nombre de voix. Un autre président ! Dupont (de l'Eure) ! Dupont (de l'Eure) !

(Après quelques instants de tumulte, M. Dupont (de l'Eure) monte au fauteuil, soutenu par M. Carnot. Il est entouré d'un grand nombre de personnes étrangères à la chambre.)

M. de Lamartine est toujours à la tribune.

Voix nombreuses. Les noms ! les noms des membres du Gouvernement provisoire !

(M. de Lamartine s'efforce de dominer le bruit, que ses exhortations ne parviennent pas à calmer.)

Voix nombreuses. Dupont (de l'Eure) ! Dupont (de l'Eure) !

D'autres voix. Il est au fauteuil ! Silence ! Ecoutez-le ! (Oui ! oui !)

M. DE LAMARTINE, *au milieu du bruit.* Je vais lire les noms.....

Voix nombreuses. Silence ! silence.

M. DE LAMARTINE. Messieurs, je vais lire les noms. (Le bruit continue.)

MM. Arago, Carnot... (Le tumulte va toujours croissant.)

Une personne placée près du nouveau président. Messieurs, M. Dupont (de l'Eure) nous préside... (Bruit.) M. Dupont (de l'Eure) va nommer le Gouvernement provisoire. (De longs bravos éclatent sur tous les bancs.)

M. CHEVALLIER. Si vous voulez faire quelque chose, laissez donc parler !

M. MARION, *député, à M. de Lamartine.* Ne quittez pas la tribune !

(Dans la foule circulent MM. Alexandre Dumas, Bocage, Raucourt, etc. — Quelques-uns d'entre eux cherchent même à arriver à la tribune.

Une voix. Ecoutez donc la proclamation des noms !

Un homme armé d'un fusil. Nous ne demandons qu'un moment de silence ; nous voulons seulement entendre les noms des personnes qui composeront le Gouvernement.

Une autre personne. Du silence dépend le salut de tous. Je le réclame pour qu'on puisse entendre M. Dupont (de l'Eure).

Une voix. M. Dupont (de l'Eure) avant tout !

Une autre voix. Vive la République !

(Beaucoup de personnes pressent et entourent M. de Lamartine, et l'engagent à attendre le rétablissement du silence pour parler.

Au nom du peuple, s'écrie l'une d'elles, du silence ! Laissons parler M. de Lamartine.

M. de Lamartine. Un moment de silence, messieurs ! (Le silence se rétablit un instant,)

Messieurs, la proposition qui a été faite, que je suis venu soutenir et que vous avez consacrée par vos acclamations à cette tribune, elle est accomplie. Un Gouvernement provisoire va être proclamé nominativement. (Bravo ! bravo ! —. Vive Lamartine !)

Maintenant, messieurs...

Voix nombreuses. Nommez les membres ! nommez-les !

M. de Lamartine. On va les nommer. (Recrudescence de tumulte.)

(M. de Lamartine, après avoir attendu quelques instants que le calme se rétablisse, se retire sur le derrière de la tribune.

M. Dumoulin monte à la tribune et cherche à se faire entendre ; mais le bruit continuel empêche de saisir ses paroles.

Plusieurs sténographes du *Moniteur*, dans l'impossibilité où ils sont de percer les rangs compactes de la multitude pour arriver à leur bureau au pied de la tribune, et aussi afin de mieux saisir les détails de la scène, montent au bureau et s'asseoient aux places des secrétaires de la chambre.)

M. Dumoutier, *l'un d'eux, debout sur le bureau des secrétaires de la chambre.* Messieurs, on vous demande un peu de silence pour proclamer les noms du Gouvernement provisoire ; si vous ne faites silence, vous n'entendrez rien, et nous n'aboutirons à rien. (Oui ! silence !)

M. Dupont (de l'Eure). On vous propose de former le Gouvernement provisoire. (Oui ! oui ! — Silence !)

Les sténographes. Silence ! On répétera les noms.

M. Dupont (de l'Eure). Voici les noms ! (Silence !)

Voix nombreuses, Nommez ! nommez !

M. DUPONT (DE L'EURE). Arago, Lamartine, Dupont (de l'Eure), Crémieux... (Bruit et agitation.)

M. DE LAMARTINE. Silence, messieurs ! Si vous voulez que les membres du Gouvernement provisoire acceptent la mission que vous leur avez confiée, il faut au moins que la proclamation en soit faite. Notre honorable ami ne peut se faire entendre au milieu de ce bruit.

Un citoyen. Il faut qu'on sache que le peuple ne veut pas de royauté. La république !

Plusieurs voix. Délibérons immédiatement ?

Une voix. Assis ! assis ! allons nous asseoir ! Prenons la place des vendus !

D'autres voix. Des ventrus !

D'autres voix encore. Des corrompus !

(Les hommes du peuple, les étudiants, les élèves de l'école polytechnique, les gardes nationaux, etc., qui étaient jusque-là restés debout dans l'hémicycle ou pressés sur les marches de la tribune ou du bureau, s'asseoient, en riant et en criant, sur les bancs des ministres et des députés du centre, comme pour assister et procéder à une délibération régulière.)

Un citoyen, en agitant un drapeau. Plus de Bourbons ! un Gouvernement provisoire, et ensuite la république !

Un homme du peuple. A bas les Bourbons ! les cadets comme les aînés !

Un autre homme du peuple. Oh ! de jolis cadets !

M. DE LA ROCHEJAQUELEIN. Ils ne l'auront pas volé ; c'est un prêté rendu.

Une voix. Un moment de silence, sinon nous n'aboutirons à rien.

Une autre voix. Nous demandons qu'on proclame la république !

M. Dupont (de l'Eure) lit successivement les noms suivants qui sont répétés à haute voix par plusieurs sténographes :

M. de Lamartine. (Oui ! oui !)

M. Ledru-Rollin. (Oui ! oui !)

M. Arago. (Oui ! oui !)

M. Dupont (de l'Eure). (Oui ! oui !)

Une voix. M. Bureaux de Pusy !

M. Bureaux de Pusy fait un geste de refus.

M. DUPONT (DE L'EURE). M. Marie (Oui ! oui ! — Non !)

Quelques voix. Georges Lafayette. (Oui ! — Non ! non !)

Voix nombreuses. La république! la république!

Un citoyen. Il faut que les membres du Gouvernement provisoire crient *Vive la République!* avant d'être nommés et acceptés.

Un autre. Je demande la destitution de tous les députés absents.

Un autre. Il faut conduire le Gouvernement provisoire à l'Hôtel-de-Ville. Nous voulons un gouvernement sage, modéré, pas de sang! mais nous voulons la république!

M. Bocage. A l'Hôtel-de-Ville, Lamartine en tête!

(M. de Lamartine sort de la chambre accompagné d'un grand nombre de citoyens.

Après son départ, le tumulte continue dans la portion de la foule qui reste, disséminée sur les bancs de la chambre, dans l'hémicycle et dans les couloirs.)

M. Ledru Rollin. Citoyens! vous comprenez que vous faites ici un acte grave, en nommant un Gouvernement provisoire.

Voix diverses. Nous n'en voulons pas! — Si! si! il en faut un.

M. Ledru-Rollin. Dans les circonstances comme celles où nous sommes, ce que tous les citoyens doivent faire, c'est d'accorder silence et de prêter attention aux hommes qui veulent constituer les représentants... (Interruption.) En conséquence, écoutez-moi!

Nous allons faire quelque chose de grave. Il y a eu des réclamations tout à l'heure. Un Gouvernement provisoire ne peut pas se nommer d'une façon légère. Voulez-vous me permettre de vous lire les noms qui semblent proclamés par la majorité? (Silence! Ecoutez! écoutez!)

A mesure que je lirai les noms, suivant qu'ils vous conviendront ou qu'ils ne vous conviendront pas, vous crierez *ui* ou *non* (Très-bien! — Ecoutez!); et, pour faire quelque chose d'officiel, je prie MM. les sténographes du *Moniteur* de prendre note des noms à mesure que je les prononcerai, parce que nous ne pouvons pas présenter à la France des noms qui n'auraient pas été approuvées par vous. (Parlez! parlez!)

Je lis :

Dupont (de l'Eure). Oui! oui!

Arago. (Oui! oui!)

Lamartine. (Oui! oui!)

Ledru-Rollin. (Oui! oui!)

Garnier-Pagès. (Oui! oui! — Non!)

Marie. (Oui ! oui !)

Crémieux. (Oui ! oui !)

Une voix dans la foule. Crémieux ! mais pas Garnier-Pagès. (Si ! si ! – Non !) Il est mort, le bon.

D'autres voix. Taisez-vous ! — A l'ordre !

M. Ledru-Rollin. Que ceux qui ne veulent pas lèvent la main. (Non ! non ! — Si ! si !)

Je demande à ajouter un mot. Permettez, messieurs!

Le gouvernement provisoire, qui vient d'être nommé, a de grands, d'immenses devoirs à remplir. On va être obligé de lever la séance pour se rendre au centre du gouvernement, et prendre toutes les mesures nécessaires pour que l'effusion du sang cesse, afin que les droits du peuple soient consacrés.

Cris nombreux. Oui ! oui ! à l'Hôtel-de-Ville !

Un élève de l'école Polytechnique. Vous voyez qu'aucun des membres de votre gouvernement provisoire ne veut la république ! Nous serons trompés comme en 1830.

Plusieurs voix. Vive la république !

Autres voix. Vive la république et M. Ledru-Rollin ! — A l'Hôtel-de-Ville ! à l'Hôtel-de-Ville !

Un jeune homme. Ce n'est pas à l'Hôtel-de-Ville qu'est le centre du gouvernement, c'est ici.

(M. Ledru-Rollin se retire, suivi de plusieurs citoyens.)

La foule qui avait envahi la salle commence à diminuer.

Un jeune homme, qui paraît être un étudiant, s'efforce, sans pouvoir y parvenir, de se faire entendre à la tribune.

Un citoyen monte sur le marbre de la tribune en brandissant une arme. On crie *Vive la République. Partons pour l'Hôtel-de-Ville !*

Un jeune homme, à la tribune. Plus de liste civile !

Un autre. Plus de royauté !

Quelqu'un appelle tout à coup l'attention sur le grand tableau placé au-dessus du bureau et derrière le fauteuil de la présidence, qui représente la prestation de serment de Louis-Philippe à la charte, et les cris : *Il faut le déchirer! il faut le détruire !* se font immédiatement entendre.

Des hommes qui sont montés sur le bureau se disposent à donner des coups de sabre et d'épée dans le tableau.

Un ouvrier, armé d'un fusil double, qui se trouve dans l'hémicycle, s'écrie : *Attendez, je vais tirer sur Louis-Philippe !* Au même instant, deux coups de feu éclatent. — Cris divers.

Un autre ouvrier s'élance immédiatement à la tribune, et prononce ces mots :

« Respect aux monuments! respect aux propriétés! Pourquoi détruire? pourquoi tirer des coups de fusil sur ces tableaux? Nous avons montré qu'il ne faut pas mal mener le peuple; montrons maintenant que le peuple sait respecter les monuments et honorer sa victoire! »

Ces paroles, prononcées avec énergie et une véritable éloquence, sont couvertes d'applaudissements.

On s'empresse autour du brave ouvrier, et on lui demande son nom. Il déclare se nommer Théodore Six, ouvrier tapissier.

Tout le monde se retire.

La salle est bientôt complétement évacuée.

Il est quatre heures passées.

Cependant le cortége qui était sorti de la chambre des députés pour se rendre à l'Hôtel-de-Ville, s'était mis en marche. Un gouvernement provisoire s'y installe, déclare, au nom du peuple français, que la royauté, sous quelque forme qu'elle soit, est abolie, et la République est proclamée avec cette devise : LIBERTÉ, ÉGALITÉ, FRATERNITÉ.

ASSEMBLÉE NATIONALE.

Séance du 15 mai 1848.

Après maintes explications sur les affaires d'Italie, l'ordre du jour appelle les interpellations au sujet de la Pologne.

LE CITOYEN PRÉSIDENT. Le citoyen Wolowski a maintenant la parole.

LE CITOYEN WOLOWSKI. Citoyens représentants, jamais peut-être question plus grave et plus solennelle n'a été soulevée devant vous, que celle que je dois présenter maintenant : elle peut porter dans ses plis la paix ou la guerre.

Soyez certains que je n'oublierai, dans les paroles que j'ai à vous adresser, aucun des devoirs que m'impose une réserve qui sera le résultat de ma position personnelle dans cette question.

Je ne me dissimule point les difficultés du problème, et cependant je l'apporte avec confiance devant vous, car je crois que toutes les idées, que toutes les pensées sont à l'unisson sur cette grande question. Je ne ferai à personne dans cette enceinte l'injure de supposer qu'il ne soit pas entièrement dévoué, fortement dévoué à la cause de la Pologne.

(Pendant que l'orateur prononce cette dernière phrase, des cris de *Vive la Pologne !* poussés par le peuple qui s'avance vers l'Assemblée, commencent à se faire entendre dans la salle. Quelques représentants quittent leurs places pour aller voir ce qui se passe.)

Un représentant, de sa place, et avec énergie. Le devoir de l'Assemblée nationale est d'être à son poste dans une circonstance aussi grave que celle-ci. (Mouvements divers.)

LE CITOYEN WOLOWSKI. La France, citoyens, est le cœur des nations; elle sent en quelque sorte en elle les pulsations de l'humanité tout entière.

Et c'est surtout lorsqu'il s'agit d'une nation à laquelle on a décerné avec raison ce nom de FRANCE DU NORD, lorsqu'il s'agit d'un peuple où toutes les idées, toutes les tendances sont communes avec le peuple de France; lorsqu'il s'agit d'un peuple qui a toujours appuyé la même cause, qui a toujours versé son sang avec vous sur tous les champs de bataille, que je suis certain de rencontrer ici les plus vives, les plus profondes sympathies. La seule question qui me paraisse devoir être agitée, c'est celle des moyens à prendre pour réaliser ce que nous voulons tous, un accord unanime, pour réaliser le plus promptement la restauration de la Pologne. Mais il faut que je commence par protester avec énergie contre des imputations contenues dans les pièces qui ont été déposées aux archives par le ministre des affaires étrangères. Ces fragments de correspondance tendraient à enlever à la Pologne son bien le plus précieux, son trésor le plus cher, les sympathies méritées qu'elle a rencontrées jusqu'ici dans le monde entier. Ils tendraient à lui enlever ces sympathies, car ils présenteraient ce pays comme livré nécessairement à la discorde, comme étranger aux idées de véritable liberté.

(Vives rumeurs. — Les cris du dehors redoublent de force.)

La France ne craint pas la guerre; la France, avec son armée de 500,000 hommes, avec la garde nationale, qui est le peuple tout entier, ne craint pas la guerre, et c'est pour cela qu'elle peut imposer sa pensée, son idée, sans recourir à ce qui devait être la dernière raison de la monarchie.

La France, par sa force, que personne ne peut contester; la France usera de cette politique véritablement républicaine, qui, avant tout, a confiance dans la puissance de l'idée, dans la puissance de la justice.

(De nouveaux cris se font entendre.)

La question polonaise n'est pas seulement, comme on voudrait quelquefois le faire supposer, une question chevaleresque. Dans la question de Pologne, la raison confirme ce que le cœur inspire. Le peuple, avec un instinct admirable, a été droit au nœud de la question; il a parfaitement compris que, dans la restauration de la Pologne, se rencontrera l'assise la plus ferme de la paix et de la liberté de l'Europe entière. (On entend des cris au dehors de la salle. L'orateur s'interrompt.)

Voix nombreuses. Continuez! continuez!

Le citoyen Président. Vous voyez quelle est l'intention de l'Assemblée.

LE CITOYEN WOLOWSKI. Je dis que la pensée populaire a admirablement saisi le nœud de la question, et l'a résolue en liant l'idée de la résurrection de la Pologne à l'idée de la liberté.

En effet, le rétablissement de la Pologne est la seule garantie d'une paix durable et de l'émancipation définitive des nations.

Le monde a compris quelle a toujours été la destinée glorieuse de la Pologne, la mission à laquelle elle s'est toujours dévouée.

Lorsqu'elle était vivante, la Pologne était le bouclier de la civilisation et du christianisme ; et lorsque après le partage, on a cru l'avoir tuée, alors qu'elle n'était pas morte, qu'elle sommeillait seulement... (Une rumeur terrible interrompt l'orateur.)

Le citoyen Degousée, questeur, arrivant de l'extérieur, s'élance à la tribune.

Un représentant (au bas de la tribune.) Ne faites pas une scène ridicule.

LE CITOYEN DEGOUSÉE. Par votre décret relatif à la sûreté de l'Assemblée, vous avez donné le commandement nécessaire pour la sûreté de l'Assemblée au président et aux questeurs.

Contrairement aux ordres donnés par les questeurs, le commandant en chef de la garde nationale a exigé que la garde mobile remît la baïonnette dans le fourreau. (Violents murmures.)

Un représentant. La salle est envahie.

Un autre représentant. Qu'on mande le commandant à la barre !

(Les citoyens Larabit et Clément Thomas demandent la parole. — (Une vive agitation règne dans l'Assemblée.)

LE CITOYEN CLÉMENT THOMAS. Une masse considérable de peuple, mue par un sentiment de sympathie pour la Pologne, est venue aujourd'hui envahir l'Assemblée nationale dans l'intention de vous soumettre une pétition. (Vive interruption.) Je n'ai pas l'intention d'examiner ici si l'on aurait dû laisser approcher jusqu'aux abords de l'Assemblée cette foule de peuple.

(En ce moment, des individus pénètrent dans les tribunes publiques, où ils agitent des drapeaux et poussent des cris de *vive la Pologne !*)

LE CITOYEN MARESCAL. L'Assemblée a été violée ; il n'y a plus del iberté ici.

Voix nombreuses. Citoyen président, faites évacuer les tribunes. C'est votre droit.

Le citoyen Aug. Avond. Écoutez Clément Thomas.

Le citoyen Barbès s'élance à la tribune.

Plusieurs voix. Clément Thomas, ne cédez pas la parole.

Le citoyen Dupin. Il faut qu'on donne le commandement supérieur à Clément Thomas!

(Le citoyen Barbès et le citoyen Clément Thomas occupent en même temps la tribune.

Un grand nombre de représentants s'approchent de la tribune et engagent le citoyen Clément Thomas à ne pas abandonner son droit de parole.)

Le citoyen Lacrosse, *s'adressant au citoyen Barbès.* Vous n'avez pas la parole! C'est une indignité!

Le citoyen Avond, *s'adressant également au citoyen Barbès.* Vous n'avez pas la parole! Dans l'intérêt de la dignité de l'Assemblée, n'usurpez pas un droit qui ne vous appartient pas!

Le citoyen Barbès. Citoyens, c'est dans votre intérêt à tous.

Le citoyen Lacrosse. Nous n'avons pas besoin de votre protection!

Le citoyen Clément Thomas. L'Assemblée nationale doit protester contre la violation indigne dont elle a été l'objet. (Oui! oui!)

(Après la protestation du citoyen Clément Thomas contre l'indigne violation dont l'Assemblée était devenue l'objet, une foule de citoyens apparaissent dans les tribunes hautes du fond, agitant des drapeaux sur lesquels sont inscrites diverses devises. Une agitation très-vive se manifeste parmi les spectateurs. Les dames poussent des cris d'effroi. Les tribunes sont entièrement envahies. Bientôt les citoyens se laissent glisser le long des galeries et descendent dans la portion de la salle réservée aux représentants. C'est ainsi que l'enceinte se trouve en peu d'instants occupée par le peuple; ce n'est que plus tard que les portes ouvrant directement dans la salle ont été enfoncées et ont donné accès à de nouvelles masses populaires.

Le président fait des efforts inutiles pour rétablir l'ordre et le silence. Il se couvre un instant, mais se découvre bientôt après.)

Le citoyen Montrol. Ici ceux qui auraient peur et ceux qui voudraient faire peur seraient également coupables.

Il faudra passer sur nos corps avant d'arriver à cette tribune. Vos violences seraient un appel aux départements et un commencement de guerre civile.

(A ce moment entrent par les portes de la salle un grand nombre de clubistes. A la tête des nouveaux venus on remarque MM. Sobrier, Blanqui, Raspail et plusieurs chefs de clubs.)

Le citoyen Louis Blanc. Mes amis, si vous voulez que la pétition que vous avez apportée puisse être discutée dans l'Assemblée nationale, et avec le sentiment qui vous anime tous, je vous demande du silence, afin que le droit de pétition soit consacré, mais afin qu'il soit dit aussi que le peuple est calme dans la force, et que sa modération est la plus grande preuve précisément de sa force. (Bravo! bravo!)

Veuillez donc, mes amis, faire un instant de silence, afin que la pétition soit lue et qu'on ne puisse pas dire que le peuple, en entrant dans cette enceinte, a violé par ses cris sa propre souveraineté. (Bravo! bravo!)

Le citoyen Raspail, non représentant, à la tribune. Citoyens, nous venons au nom de 200,000 citoyens, qui attendent à votre porte... (Vives réclamations sur les bancs de l'Assemblée.)

Le citoyen d'Adelsward. En vertu de quel pouvoir le citoyen Raspail prend-il la parole dans une assemblée où je m'étonne de le voir? Je proteste contre ce qu'il peut avoir à dire.

Voix nombreuses au pied de la tribune. A la porte les interrupteurs!

(Des interpellations nombreuses s'établissent entre le représentant Louis Blanc et plusieurs citoyens qui sont montés à la tribune.

Un délégué d'une corporation des ouvriers monte debout sur la tribune.

Le tumulte est extrême.

Le citoyen Corbon vient se placer auprès du président, l'un et l'autre font des efforts pour apaiser le tumulte, mais le bruit ne fait qu'augmenter.

F.-V. Raspail commence la lecture d'une pétition.)

Le citoyen Milhoux. Je m'oppose à la lecture; vous n'avez pas le droit de lire une pétition à la tribune. (Nouveau tumulte.)

Un membre des clubs. A la porte ceux qui voudraient empêcher la voix du peuple de se faire entendre!

F.-V. Raspail, après être resté longtemps à la tribune avant de pouvoir se faire entendre, finit par lire la proclamation suivante :

« Citoyens représentants,

« Nous sommes ici au nom de 300,000 hommes qui attendent à votre porte. C'est en leur nom et en celui des délégués des clubs que nous vous présentons la pétition dont la teneur suit :

« Considérant :

« 1° Que la conquête de nos libertés sera en péril, tant qu'il restera en Europe un peuple qu'on opprime ;

« 2° Que le devoir d'un peuple libre est de voler au secours de tout peuple opprimé, vu que la loi de la fraternité n'est pas une loi nationale, mais humanitaire ; que tous les peuples sont frères au même titre que les citoyens entre eux, comme enfants du même Dieu sur la terre ;

« 3° Que, si tel est le devoir de la France envers les peuples opprimés, ce devoir sacré, imprescriptible, devient bien plus impérieux encore envers les peuples qu'on égorge.

« 4° Que, dans un moment où notre victoire sur un gouvernement corrupteur avait donné un élan de liberté à tous les peuples de l'Europe, notre politique égoïste et effrayée semble avoir prêté main-forte aux tendances liberticides des rois coalisés, et interdit tout espoir de secours aux peuples qui s'armaient de toutes parts pour reconquérir leur droit d'être libres ;

« 5° Que les peuples n'avaient levé le saint étendard de l'insurrection qu'en marchant sur nos traces et en comptant sur notre coopération ;

« Que, vaincus, ils ont le droit de nous accuser de leur défaite ; que la victoire de leurs oppresseurs est une menace contre nos libertés publiques et une insulte aux principes que nous avons proclamés ;

« 6° Que l'Italie et l'Allemagne nous appellent pour concourir au succès de leurs armes : que la Pologne, la noble Pologne, notre sœur, dont les fers ont été rivés par la honteuse politique de nos dix-huit ans, nous somment, au nom de la justice et de la reconnaissance, de lui restituer sa nationalité ;

« 7° Qu'un plus long retard serait de notre part une félonie et une trahison; car la Pologne est notre alliée, notre sœur, notre compagne d'armes, notre éternelle avant-garde contre les peuples du Nord;

« 8° Que notre jeune armée, honteuse de son inactivité, impatiente de nobles et saintes victoires, n'attend qu'un signe de la patrie pour aller renouveler les prodiges de l'empire au profit de la liberté de tous; que le nom de la Pologne réveille ses plus ardentes sympathies, qu'elle sent bien que c'est par là qu'elle doit commencer sa tournée en Europe, parce que c'est là que l'oppression est plus lourde, et que nous avons plus de torts à réparer;

« Par ces motifs et dans l'intérêt de nos institutions républicaines, au nom de la Providence des peuples et de l'honneur du pays, le club demande, par acclamation, à l'Assemblée nationale, qu'elle décrète incontinent :

« 1° Que la cause de la Pologne sera confondue avec celle de la France;

« 2° Que la restitution de la nationalité polonaise doit être obtenue à l'amiable ou les armes à la main;

« 3° Qu'une division de notre vaillante armée soit tenue prête à partir immédiatement après le refus qui serait fait d'obtempérer à l'ultimatum de la France.

« Et ce sera justice, et Dieu bénira le succès de nos armes! »

Tout le peuple. Vive la Pologne! vive l'organisation du travail!

Plusieurs citoyens. Où donc est le citoyen Blanqui. La parole est à Blanqui, nous voulons Blanqui!

LE CITOTEN MONTROL. Je n'ai point entendu, je n'ai point voulu entendre les pétitions qui vous ont été lues à cette tribune. Envoyé ici par le peuple, je ne voterai jamais, je ne délibérerai jamais que dans la plénitude de mon droit et de ma liberté.

Un représentant. L'Assemblée ne peut délibérer quand elle est envahie.

(Un grand nombre de représentants se lèvent pour appuyer cette motion.)

Voix dans la foule. Qu'on délibère immédiatement!

Autres voix au milieu du bruit. Il y a des ennemis du peuple parmi les représentants : ils ne veulent pas qu'il parle.

LE CITOYEN PRÉSIDENT. La pétition a été déposée sur le bureau; l'Assemblée nationale.... (Interruptions nombreuses.)

Voix du peuple. Nous voulons une décision immédiate!

LE CITOYEN PRÉSIDENT. L'Assemblée nationale a votre pétition; elle s'occupait, lorsque vous êtes entrés, du sort de la Pologne.

Je vous invite à sortir pour que l'Assemblée nationale puisse immédiatement traiter cette grave question.

Voix du peuple. Nous ne voulons pas attendre. Un décret! un décret!

En ce moment, Blanqui arrive près de la tribune, mais celle-ci est occupée par plusieurs orateurs qui se la disputent.

On entend les cris : « Laissez parler le citoyen Blanqui! »

LE CITOYEN HUBERT, *non représentant.* Laissez le peuple défiler devant vous, et il se retirera ensuite avec calme et dignité.

LE CITOYEN BARBÈS. Citoyens, que l'Assemblée des représentants du peuple prenne en considération la pétition qu'on vient de lui apporter, qu'elle déclare qu'elle s'associe au vœu du peuple, et que, par conséquent, le peuple de Paris a bien mérité de la patrie.

Un homme en blouse. Les provinces sont avec nous.

LE CITOYEN BARBÈS. Que l'Assemblée nationale s'associe au vœu que vous venez d'exprimer.....

(Les cris de *Vive Barbès!* partent des tribunes et des groupes qui se trouvent mêlés aux représentants.)

Un chef de bataillon de la garde nationale. Citoyens, il faut que l'Assemblée soit libre.

LE CITOYEN BARBÈS. Citoyens, vous êtes venus exercer votre droit de pétition; ce droit de pétition, vous avez bien fait de venir l'exercer; il vous appartient, et désormais il ne peut jamais vous être contesté. (Applaudissements parmi les assistants.)

Maintenant, le devoir de l'Assemblée est de prendre en considération la demande que vous avez faite; et comme le vœu que vous exprimez est positivement le vœu de la France, l'Assemblée aura à décréter ce que vous demandez.

Voix nombreuses. Oui! oui! immédiatement.

Un des assistants. On attend la réponse; dépêchez-vous!

Un chef de bataillon de la garde nationale. Il faut pour cela que l'Assemblée soit libre. (Exclamations.)

LE CITOYEN BARBÈS. Citoyens..., je disais... que l'Assemblée avait entendu votre pétition...

Citoyens..., écoutez-nous! vous êtes venus exprimer vos vœux à l'Assemblée; l'Assemblée les a entendus; il faut qu'elle y fasse droit; mais, pour qu'elle ne semble pas violentée, il faut, dans ce moment-ci, que vous vous retiriez. (Non! non! non!)

Un citoyen. Au nom de la majesté du peuple, je demande le silence. Le citoyen Blanqui demande la parole; écoutez-le.

Adolphe Blanqui, non représentant. Citoyens représentants, le peuple demande le rétablissement de la Pologne dans les limites de 1772; il demande que l'Assemblée nationale décrète, sans désemparer, que la France ne mettra l'épée au fourreau que lorsque la Pologne tout entière sera reconstituée dans ses vieilles limites de 1772, et brillera de nouveau comme une nation grande et indépendante au soleil de l'Europe.

Le peuple, citoyens représentants, demande qu'il ne soit pas employé de moyens dilatoires pour reculer l'avénement du jour où la Pologne tout entière sera de nouveau à l'extrémité de l'Europe, l'alliée et le bouclier naturel de la France.

Le peuple connaît les obstacles qui doivent s'opposer aux armes françaises; mais il compte que l'Assemblée nationale se souviendra de la gloire de sa devancière; qu'elle ne craigne pas d'affronter la mauvaise humeur de l'Europe; elle sait que devant sa seule volonté, fermement exprimée et appuyée d'une armée française sur le Rhin, tous les obstacles que la diplomatie pourrait lui opposer tomberont d'eux-mêmes, afin que l'ancienne Pologne, la Pologne de 1772 (le peuple rappelle cette date), la Pologne de 1772 (bravos et applaudissements du peuple), soit rétablie dans ses limites, depuis les bords de la Wartha jusqu'au Dniéper, et depuis la Baltique jusqu'à la mer Noire.

Citoyens, le peuple compte que l'Assemblée nationale n'hésitera pas devant un aussi grand but; qu'elle ne se laissera pas tromper ni intimider par les menaces de la diplomatie; le peuple est derrière elle; il la suivra en masse aux frontières; il ira en masse aux frontières sur un seul signe de sa main...

Ces cris qu'elle entend d'ici, et qui peut-être lui paraissent menaçants, ne sont que des cris de *vive la Pologne !* et ils se changeront en acclamations en son honneur, dès l'instant où l'Assemblée nationale aura prononcé la phrase sacramentelle que le peuple attend, qu'il attend, citoyens, et que vous lui donnerez. (Oui ! oui !)

Tous les partis, citoyens, ne l'oubliez pas, sont d'accord pour cette grande œuvre. Ce n'est pas ici un parti, une fraction de parti qui vient vous parler, c'est le peuple tout entier, le peuple parmi lequel il y a des divisions sans doute pour les questions intérieures, mais qui est toujours unanime pour la question de la Pologne. (Bravos et applaudissements.)

Dans votre sein, citoyens, pas plus que dans le sien, il ne pourra se rencontrer de divisions sur un pareil terrain, et pour voter la déclaration de guerre aux oppresseurs de la Pologne, il n'y aura plus ici ni droite, ni gauche, ni centre ; il n'y aura qu'une Assemblée française, une Assemblée qui, sur un pareil sujet, n'a qu'une seule pensée, qu'une seule volonté, qu'un seul désir.

Citoyens, le peuple vient aussi vous demander justice ; il vient vous demander justice d'événements cruels qui se sont passés dans une ville qui est maintenant aux portes de la capitale, par la promptitude des communications. Le peuple sait qu'au lieu de panser les cruelles blessures qui ont été faites dans cette ville, on semble prendre plaisir à les envenimer tous les jours, et que ni la modération, ni la clémence, ni la fraternité n'ont succédé aux fureurs des premiers jours, même lorsque trois semaines se sont écoulées depuis ces sanglantes collisions ; il sait que les prisons sont toujours pleines ; il demande que ces prisons soient vidées. (Bravos et applaudissements dans le peuple.)

Quelques voix. Justice ! justice !

Adolphe Blanqui, non représentant, demande que, s'il y a quelqu'un à punir, ce ne soient pas les victimes des massacres, mais leurs auteurs.

Voilà ce que le peuple assemblé vous demande aujourd'hui.

Un représentant. Je demande la parole. (Bruyante exclamation dans le peuple.)

(Le citoyen Ferdinand de Lasteyrie se précipite devant la tribune, et adresse au citoyen Blanqui quelques paroles qui ne peuvent être entendues.)

Adolphe Blanqui, non représentant. Le peuple demande aussi que vous pensiez à sa misère. Il a dit qu'il avait trois mois de souffrances à offrir à la République. Ces trois mois sont bientôt écoulés, et il est possible, il est probable qu'on lui en demandera d'autres.

Le peuple réclame de l'Assemblée nationale qu'elle s'occupe instamment, sans désemparer, d'une manière continue, de rétablir les moyens de travail, de donner de l'ouvrage et du pain à ces milliers de citoyens qui en manquent aujourd'hui. (Bravo !)

Le peuple, citoyens, sait fort bien qu'on lui répondra que la première cause de ce manque de travail, ce sont précisément ces mouvements populaires qui agitent la place publique et qui jettent la perturbation dans le commerce et dans l'industrie. Sans doute, citoyens, il peut y avoir quelque chose de vrai là dedans ; mais le peuple sait bien par un sentiment d'instinct que ce n'est pas là la cause première, la cause principale de la situation déplorable où il se trouve aujourd'hui. Le manque de travail, la crise commerciale et industrielle, datent d'avant la révolution de Février; elles datent de plus loin, elles ont des causes profondes, sociales; ces causes doivent être signalées immédiatement à l'Assemblée : le peuple a vu avec une certaine douleur que des hommes qu'il aimait, ont été, pour ainsi dire, systématiquement écartés des conseils du Gouvernement. (Bravo ! bravo !) Cela a ébranlé la confiance.

Un factieux sur l'escalier de la tribune. Nous venons ici pour demander et pour consacrer tous nos droits quels qu'ils soient.

Plusieurs citoyens non représentants. La Pologne ! la Pologne ! Nous traitons ici toutes les questions sociales.

Blanqui, non représentant. Citoyens... (Le bruit empêche le citoyen Blanqui de se faire entendre.)

Un homme du peuple, au milieu de l'hémicycle. Silence, citoyens, dans notre intérêt.

Blanqui, non représentant. Ce n'est qu'incidemment, citoyens, que cette question du travail et de la misère du peuple a été soulevée ici : je dois vous dire que le peuple ne vient pas ici principalement pour vous occuper de lui; il vient pour vous occuper de la Pologne. (Bravo ! bravo !) Il ne peut pas laisser passer cette occasion sans rappeler à ses représentants que lui aussi est malheureux et que c'est là un nouveau point de similitude entre le peuple de France et le peuple de Pologne. Mais enfin, citoyens, après avoir parlé un instant de lui, le peuple rappelle votre attention tout entière sur la Pologne; il vous demande de décréter sans désemparer que la France ne remettra son épée au fourreau qu'après avoir rétabli la Pologne. (Bravo! bravo!)

Un citoyen, non représentant, dans la tribune à gauche. Je demande la parole.

Voix nombreuses du peuple. N'interrompez pas.

Blanqui, non représentant. Le peuple, avant de se retirer...

Le même citoyen, dans la tribune de gauche, insiste et demande la parole.

Voix diverses. Descendez.

(Les cris et le tumulte redoublent.

Le bruit continue toujours.)

LE CITOYEN LEDRU-ROLLIN *paraît à la tribune.* Citoyens, je ne parle pas ici comme membre du pouvoir exécutif, car je n'ai pas pu consulter mes collègues. Je parle comme citoyen, je parle comme représentant du peuple. Voici ce que je viens vous demander.

Vous avez fait entendre vos vœux pour la Pologne, vos vœux pour les misères du peuple; vous demandez que, pour la gloire de la France, il soit pourvu à la défense des Polonais opprimés. Vous demandez, par un sentiment de fraternité, que le peuple de France tende la main au peuple de Pologne.

Voix nombreuses du peuple. Oui! oui! *Vive la Pologne!*

LE CITOYEN LEDRU-ROLLIN. Soyez convaincus que la fibre qui agite votre cœur agite également le nôtre; que pas plus que vous nous ne voulons de peuples opprimés sur la terre.

Vous avez demandé également que des mesures soient prises pour que le peuple puisse vivre en travaillant.

Voix nombreuses du peuple Nous voulons le ministère du travail, l'exécution du décret dn 25 février.

LE CITOYEN LEDRU-ROLLIN. Vous avez demandé enfin qu'aujourd'hui le rappel ne soit pas battu. (Oui! oui!)

Un citoyen non représentant. Vous avez déjà trahi le peuple le 16 mars dernier; vous vous êtes vanté d'avoir fait battre le rappel,

LE CITOYEN LEDRU-ROLLIN. A la révolution du 24 février vous avez donné la preuve de votre sagesse, de votre prudence... (Violente interruption.)

Je ne dirai plus qu'un mot. Avec cet admirable bon

sens qui caractérise le peuple de Paris, qui ne veut pas être trompé...

Voix nombreuses du peuple. Il l'est!

D'autres voix du peuple. Il faut nommer le ministère du travail immédiatement!

LE CITOYEN LEDRU-ROLLIN. Avec cet admirable bon sens qui caractérise le peuple de Paris, qui veut des garanties, et qui en même temps comprend parfaitement les sentiments de justice et les sentiments de convenance, vous concevez qu'il est impossible à une assemblée de délibérer, sous peine de se suicider elle-même...

Plusieurs voix du peuple. Elle a délibéré le 24 février; elle a proclamé la république.

(Le citoyen Hubert, non représentant, monte à la tribune.)

LE CITOYEN LEDRU-ROLLIN. Je demande que l'assemblée se déclare en permanence, mais je demande en même temps que vous vous retiriez sur le péristyle. (Oui! oui! — Non! non!)

(Le citoyen président se lève et s'efforce par tous les moyens possibles de rétablir un instant le silence.)

Plusieurs voix du peuple. Nous demandons le ministère du travail, nous attendons une réponse immédiate.

D'autres voix du peuple. Retirons-nous!

Raspail, non représentant. Je ne reconnais pas pour républicains ceux qui persistent à rester dans l'assemblée. Mes amis, retirez-vous.

Un citoyen, au bas de la tribune. Citoyens, il serait nécessaire, après avoir présenté notre pétition et nos conclusions à l'Assemblée nationale, que nous la laissassions délibérer; après qu'elle aura pris une délibération, vous verrez ce que vous aurez à faire, et si vous devez en appeler à la nation tout entière; je vous en supplie, retirons-nous un instant.

Le citoyen Blanqui, non représentant, à la tribune. Citoyens, donnons l'exemple du calme, nous, les délégués du peuple.

Un citoyen non représentant. Je demande que nous nous retirions en ordre et avec dignité. Voilà ce que vous devez faire avec drapeau en tête.

Un autre citoyen. Citoyens, j'étais à votre tête, et vous devez voir que je suis aussi du peuple. Je vous demande de défiler en ordre. (Bruit et exclamations.)

Plusieurs citoyens du peuple. Notre devoir est de nous

retirer d'ici. L'assemblée est bien décidée en faveur de ce que nous voulons. Retirons-nous. (Depuis la fin de la lecture de la pétition par le citoyen non représentant Raspail, on aperçoit les citoyens Antony Thouret et Cruveilher faisant avec courage et énergie tous leurs efforts pour amener la retraite de la foule.)

(*Le citoyen Hubert, non représentant*, se fait une place à la tribune, il adresse quelques mots au président, que nous n'entendons pas.)

LE CITOYEN PRÉSIDENT. Vous avez raison; c'est votre devoir, faites évacuer la salle.

Le citoyen Hubert. On m'a donné parole de laisser défiler tout le peuple devant la tribune. Je me ferai tuer sur la place si on ne tient pas cette promesse. J'engage le peuple à se retirer, et nous défilerons tous deux à deux. Il faut que l'assemblée sache que 300,000 citoyens veillent sur elle.

(Le tumulte en ce moment est à son comble, le peuple se jette des tribunes dans la salle.)

Un capitaine d'artillerie, qui est manifestement avec les factieux, monte de force derrière le président et se tient près de lui la main sur son épée et communiquant du geste et du regard avec cinq ou six agitateurs furieux qui, placés sur les bas-côtés de la tribune épient le moindre de ses mouvements. Celui-ci, toutes les fois que des représentants ou d'autres citoyens viennent conférer avec le président, se place entre eux et lui et cherche à écouter ce qui se dit même à voix basse, malgré les efforts du secrétaire général pour l'éloigner. Le bruit des tambours approche, l'assemblée entière paraît être sous le coup d'une grave appréhension.

Plusieurs députés, qui sont parvenus avec peine près du président, l'engagent à lever la séance.

M. Buchez résiste énergiquement. Les vice-présidents et les secrétaires sont de son avis.)

LE CITOYEN BARBÈS. Citoyens représentants, le peuple, qui est à vos portes, demande à défiler devant vous. Je demande que vous le lui accordiez, et que, de plus, pour montrer que vous vous associez à ses vœux, nous descendions, nous, les représentants du peuple, et que nous allions nous mêler dans ses rangs pour lui dire que la cause de la Pologne est la nôtre. (Vive la Pologne! — Ecoutez!)

Je demande que nous déclarions que nous faisons droit à la pétition que vient de présenter le peuple, que la cause de la Pologne est la nôtre, et que partout où il y aura des opprimés la France interviendra. (Bravo! bravo!)

Il faut que l'assemblée vote immédiatement et séance tenante le départ d'une armée pour la Pologne, un impôt d'un milliard sur les riches; (*plusieurs membres des clubs.* Non! non! Barbès, c'est pas ça, tu te trompes, deux heures de pillage!) qu'elle défende de battre le rappel, qu'elle fasse sortir les troupes de Paris, sinon les représentants seront déclarés traîtres à la patrie. (Tonnerre d'applaudissements.)

(En ce moment il est trois heures et quart; l'exaltation des factieux est à son comble. Le citoyen Barbès, qui est toujours à la tribune, fait de vains efforts pour obtenir le silence, mais il ne peut parvenir à se faire entendre de cette multitude, dont les vociférations et les cris couvrent les bruits de l'extérieur.

On entend dans le lointain le roulement des tambours battant le rappel. L'animation s'accroît de plus en plus.

De nombreux députés font d'inutiles efforts pour se rendre auprès du président et du vice-président Corbon, qui est monté depuis quelque temps se placer à la gauche du président; le secrétaire général de la questure Lemansois est à sa gauche. Le président se lève pour la vingtième fois, essaye de dominer le tumulte et s'efforce de rappeler à l'ordre les factieux; il s'écrie :

« Comme président de l'Assemblée nationale, je vous ordonne de partir et de laisser l'assemblée délibérer. »

Ces paroles sont à peine entendues de quelques personnes qui l'entouraient, et l'un des factieux, s'élançant brusquement et la main levée vers le président, lui dit en fureur : « Tu n'as pas le droit de parler ici; tais-toi. »

Le président se rassied, Barbès est encore à la tribune, ne pouvant que difficilement se faire entendre.

Une immense acclamation de *vive la Pologne!* part des tribunes publiques et de l'enceinte de la représentation envahie.)

Le citoyen Président. Encore une fois, citoyens, si vous voulez qu'on délibère sur la pétition que vous venez d'apporter, laissez à l'assemblée sa liberté! Comme président de l'assemblée nationale, je vous ordonne d'évacuer la salle.

(Le président insiste encore, mais sa voix est couverte par les cris tumultueux.

Lagarde, président de la commission des délégués du

Luxembourg monte à la tribune; il en est bientôt renvoyé par un pompier qui demande également à être entendu du peuple.

Le citoyen Crémieux monte à la tribune; il ne peut parvenir à se faire écouter.

Le tumulte est à son comble.)

Le citoyen Hubert, non représentant. Je demande que l'on fasse de la place pour que le peuple puisse défiler avec calme devant l'assemblée.

Un citoyen non représentant. Je demande que le gouvernement provisoire fasse exécuter le décret du 25 février.

Un autre citoyen non représentant. On nous a fait la promesse d'organiser le travail; on ne l'a pas organisé encore. Nous voulons que le ministère du travail soit constitué aujourd'hui. (Vives marques d'approbation.)

Le citoyen Raspail, non représentant, s'adressant à l'orateur. Au nom de la République, de la fraternité et de la liberté, je vous supplie de descendre de la tribune. (Explosion de cris. *L'organisation du travail!*)

(Un colloque très-vif s'établit entre les citoyens Hubert et Raspail. Celui-ci s'écrie avec énergie, en s'adressant aux citoyens qui envahissent la tribune : « Je ne suis plus avec vous si vous ne quittez pas la salle. »)

Un citoyen. Citoyens, écoutez-moi! nous demandons l'exécution des promesses du gouvernement provisoire. Il nous a promis d'organiser le travail; il ne l'a point encore organisé. Nous voulons que l'on s'en occupe immédiatement. (Oui! oui!)

Voix nombreuses de la foule. Nous voulons Louis Blanc.

D'autres voix. Nous voulons un ministère du travail. Il nous faut le citoyen Louis Blanc! (Oui, oui, Louis Blanc!)

Le même. C'est une question extrêmement importante, à laquelle le gouvernement ne fait pas droit. (Louis Blanc! Louis Blanc!)

Le citoyen Sobrier, non représentant. Le peuple ne peut pas rester... (Le tumulte couvre sa voix.)

Un pompier. Nous sommes venus ici en délégation pour la Pologne. (*Vive la Pologne!*)

Nous sommes venus ici...

Un homme du peuple. Parle donc vite, pompier.

Un autre factieux. Nous demandons l'organisation d'un comité social qui veille sur le pouvoir exécutif. Nous demandons que justice soit faite des massacres de Rouen; nous demandons la guerre contre les oppresseurs de la

Pologne; nous demandons la destitution de la plupart des ministres.

Un troisième citoyen. Nous voulons qu'on punisse les égorgeurs de Rouen.

(Les représentants restent immobiles à leur place.

Le bruit du tambour semble encore approcher. Les factieux se taisent un instant.)

Barbès s'élance à la tribune et dit : Pourquoi bat-on le rappel ? Qui a donné l'ordre de battre le rappel ? Que celui qui l'a donné soit déclaré traître à la patrie et mis hors la loi.

Ces paroles sont couvertes d'une immense acclamation. « On nous trahit, on veut nous tuer ici : à bas les traîtres! s'écrie-t-on de tous côtés. Qui a donné l'ordre de battre le rappel? Il ne faut pas qu'on le batte. »

Le bruit des tambours s'éloigne.

Au pied, et sur les degrés de la tribune, s'engage une lutte entre divers clubistes qui veulent parler au peuple. La confusion est extrême.

Des menaces de mort se font entendre contre le président. Les factieux envahissent le bureau des secrétaires. « Qu'on donne l'ordre de ne plus battre le rappel, s'écrient mille voix frénétiques. »

Il est trois heures et demie, au moment même arrive un officier de la garde nationale qui porte des nouvelles au président, et lui dit que dans un quart d'heure au plus tard sera arrivée la garde nationale; il faut donc tenir encore un quart d'heure et empêcher une catastrophe imminente.

Les cris : « Qu'on donne contre-ordre » se font entendre comme une immense clameur; plusieurs le vocifèrent tout près du président. Trois ou quatre factieux sont prêts à se porter aux dernières extrémités; leurs regards menaçants, leurs mains placées sur des armes apparentes, ils sont prêts à agir avec violence; ils veulent qu'on donne des ordres contre le rappel qui les agite, les tourmente, les met en fureur. Le président consulte le vice-président et un ou deux secrétaires placés à côté de lui. Dans l'intérêt du salut commun, il faut empêcher la violence, qui pourrait amener le plus terrible désastre, il faut sauvegarder pendant un quart d'heure encore la dignité de l'assemblée, empêcher l'effusion du sang. Le tambour s'avançant, la garde nationale étant bien près de l'assemblée, il faut recourir aux expédients et gagner un quart d'heure.

Le citoyen Degousée, questeur délégué par le président pour veiller au salut et à la délivrance de l'Assemblée, rentre et dit à voix basse au citoyen Buchez : Gagnez un quart-d'heure, cela nous suffit, donnez-leur le contre-ordre qu'ils vous demandent, ce contre-ordre n'aura aucun effet. « Êtes-vous sûr, dit le président, que vos ordres donnés à la garde nationale sont exécutés. J'en suis sûr, répond M. Degousée. » Aussitôt, le président et deux ou trois citoyens écrivent sur quelques feuilles volantes, et sans date, les mots suivants : « Ne faites pas battre le rappel, » et ces feuilles sont distribuées à quelques citoyens, ne pouvant, dans aucun cas, en faire usage ; car, sans date ni timbre, ils n'ont aucun des caractères des ordres dictés par un pouvoir libre et voulant agir efficacement. Cinq minutes s'écoulent ; les factieux paraissent un instant calmés. On se fait passer deux ou trois feuilles ; mais la foule se presse dans l'émeute ; de tous les côtés de la salle, s'élancent des galeries une multitude de gens en blouse qui se précipitent dans l'enceinte, où se pressent, s'entassent tous ceux qui s'y rendent par les bas-côtés.

Le citoyen Louis Blanc est enlevé en ce moment sur les bras des personnes réunies dans l'enceinte. On le porte en triomphe devant les bancs des représentants, en criant : *Vive Louis Blanc ! vive Louis Blanc !*

On improvise une tribune en le plaçant sur une des tables de l'enceinte. Ses paroles n'arrivent pas jusqu'à nous.

Les abords de la tribune sont envahis par une foule si compacte, que les sténographes du *Moniteur*, obligés, un peu avant, de quitter leur pupitre et de se placer successivement au bureau des citoyens secrétaires, et au bureau du citoyen président, ne peuvent continuer à prendre des notes. La tribune des sténographes des journaux, jusque-là restée à l'abri de l'invasion du peuple, est forcée ; plus de deux cents personnes se pressent dans un espace où soixante à peine peuvent d'ordinaire trouver place.

Les tribunes des journalistes sont envahies.

Les citoyens qui entourent le président, et dont quelques-uns ne cachent pas leurs armes, redoublent d'insistance, de clameurs, de vociférations. Ils s'approchent du fauteuil et se resserrent ; le capitaine d'artillerie est toujours à son poste, prêt à agir.

Les clubistes, dont un ou deux portent l'uniforme de garde national, se disputent la tribune, se pressent, se renversent. Ce moment est solennel.

Pendant deux minutes, la crainte que les tribunes ne s'affaissent subitement (et elles fléchissent visiblement), entraînant avec elles la mort de plusieurs mille personnes, fixe l'attention des plus exaltés. Le tumulte s'apaise, mais recommence bientôt avec plus de violence encore. Le bureau du président est caché au plus grand nombre des représentants, par des groupes d'hommes qui surgissent de la masse et veulent se faire entendre.

La plus grande partie de l'Assemblée, celle qu'on peut apercevoir du fauteuil, conserve une attitude calme et digne.

Bientôt apparaît le drapeau des jacobins, avec son crêpe noir.

(Une longue agitation règne dans l'Assemblée.)

Le citoyen Hubert, revenu de son évanouissement, qui a duré une demi-heure et a été produit, sans doute, par l'excitation et la chaleur, s'élance à la tribune. Avant de parler, il se tourne vers le président et l'insulte du geste et du regard.

Citoyens, écoutez; on ne veut pas prendre de décision; eh bien, moi, au nom du peuple, au nom du peuple trompé par ses représentants, je déclare que l'Assemblée nationale est dissoute. (Oui! oui! — Non! non! — Exclamations en sens divers.)

Le citoyen L. Lambert, non représentant, au milieu du bruit. Au nom de la République démocratique, une et indivisible, je proteste contre la violation de l'Assemblée nationale.

La confusion est épouvantable. C'est un hurrah, un pêle-mêle de cris, de vociférations. Le président est sommé de donner sa sonnette; il la refuse. Plusieurs se précipitent auprès de lui. L'anxiété de tous est horrible. Un crime, un immense attentat va peut-être s'accomplir.

On attend.

Une feuille de papier au bout d'une pique, est portée à la tribune.

Le citoyen Hubert l'arrache, et, d'une voix qui, à ce moment de calme menaçant, perce à travers les clameurs de tous, s'écrie : Encore une fois, l'Assemblée nationale est dissoute.

Il se tourne vers le président, le menace du poing.

Une masse de factieux paraissant exécuter un ordre qu'il aurait exprimé par ce signe, escaladent le bureau, se précipitent vers le président, le renversent de son fauteüil où va s'installer, quelques instants après, le capitaine d'artillerie.

Après cette dernière violence, le président, auquel dix ou quinze factieux barraient le passage et menaçaient de mort, sort de la salle, entouré de MM. Corbon, Anthony-Thouret, Lemansois, Cruveilher et plusieurs autres citoyens qui protégent sa retraite.

Un factieux. Voici le décret que je propose :

« Le peuple est souverain.

« Attendu que plusieurs membres de la représentation du peuple ont quitté leurs fauteuils;

« Considérant que ces membres ont manqué à leur devoir, et que, par ce motif, ils ont décliné la souveraineté populaire;

« Le peuple souverain les déclare traîtres à la patrie; il décide qu'ils seront immédiatement mis en arrestation et jugés comme traîtres à la patrie.

« Au nom du peuple souverain. »

Autre factieux (Flotte). Ne laissez pas sortir les représentants qui fuient le combat; ce sont des traîtres ceux qui s'en vont.

L'auteur du décret. Je demande l'appel nominal et l'arrestation des absents. (Agitation tumultueuse.)

Hubert. Citoyens, écoutez! On ne veut pas prendre de décision; eh bien, moi, au nom du peuple, au nom du peuple trompé par ses représentants, je déclare que l'Assemblée nationale est dissoute. (Oui! oui! Non! non! — Exclamations diverses.)

De toutes parts : Vive la République! Vive la République! Vive Barbès!

(Une grande foule entoure le représentant Barbès; il est soulevé sur les épaules de gens du peuple qui crient : Vive Barbès. Le citoyen Barbès paraît lutter contre ceux qui le portent en triomphe.

D'autres gens du peuple portent aussi sur leurs épaules Sobrier qui est dans une agitation difficile à décrire.)

Voix nombreuses. Blanqui! Blanqui!

Le citoyen Quentin. C'est Blanqui, c'est Blanqui qu'il nous faut!

Un factieux. Voici la liste d'un nouveau Gouvernement provisoire que je propose à l'acceptation du peuple :

Barbès,
Louis Blanc,
Ledru-Rollin,
Blanqui,
Hub. rt,
Raspail,
Caussidière,
Étienne Arago. (Oui! oui! —Non! non!)
Albert,
Lagrange.

De toutes parts. Aux armes! aux armes!
— A l'Hôtel-de-Ville! à l'Hôtel-de-Ville!
— *Vive le nouveau gouvernement provisoire!*
(On arbore sur le bureau du président un étendard surmonté d'un bonnet rouge et accompagné d'une épée.)
Un factieux. Nous sommes bloqués! aux armes! aux armes!—A l'Hôtel-de-Ville! à l'Hôtel-de-Ville!.
Un autre factieux. Voici la bonne liste du nouveau gouvernement provisoire :

Cabet,
Louis Blanc,
Pierre Leroux,
Raspail,
Considérant,
Barbès,
Blanqui,
Proudhon.

Autre factieux. Mes amis, ne nommez pas tant de socialistes, vous feriez tort à notre cause.
(On voit de nouveau Barbès porté sur les épaules des gens du peuple. Il se débat en vain et paraît se trouver mal ; on lui apporte un verre d'eau.)
Une voix. Nous voulons la République démocratique. (Tous, tous nous la voulons! — Tout pour le peuple!)
(Des discussions confuses s'engagent sur la composition de la liste des membres du nouveau gouvernement provisoire.)
Un factieux. Il faut que l'on fasse imprimer cette liste pour qu'elle soit connue du peuple.

(Un garde national parait en armes dans l'hémicycle.)

Quelques voix. Pas de fusil !

Le garde national. Je le garde pour la cause du peuple!

De toutes parts Aux armes! aux armes! A l'Hôtel-de-Ville!)

(Le bruit du tambour se fait entendre; quelques hommes entrent dans la salle en criant : *Voici la garde mobile! voici la garde mobile!* Aussitôt une épouvantable panique s'empare de la réunion turbulente, et le peuple, naguère si violent, se retire précipitamment et dans le plus grand désordre.

Pendant que ces choses se passaient dans l'intérieur de la salle, le président, expulsé violemment de son bureau, après avoir donné ordre au citoyen Degousée, questeur, de prendre les mesures possibles, courait à la commission exécutive réunie au Luxembourg et avisait à tous les moyens de résister à la sédition dont il ignorait l'étendue et la puissance. En même temps, les vice-présidents et un certain nombre de représentants se réunissaient dans les salles de la présidence, préparaient et signaient des proclamations et donnaient les ordres nécessaires pour tenir à la disposition de l'autorité toutes les forces nécessaires pour faire évacuer la salle, expulser les factieux et les poursuivre dans leurs derniers retranchements.

En conséquence, les citoyens Corbon et Sénard, agissant par délégation, au nom du président, rédigèrent immédiatement douze ou quinze proclamations adressées aux maires de Paris.

A cinq heures moins un quart, un grand nombre de gardes nationaux du 2e bataillon mobile, conduits par le commandant Clary, l'adjudant-major Bernard et le capitaine Bonnemain, entrent dans la salle aux cris de *Vive l'Assemblée nationale! vive la République!*

Les gardes nationaux sédentaires de la 2e légion les suivent presque immédiatement, et concourent avec eux, sous la direction de l'adjudant-major Bernard, à faire évacuer la salle et les tribunes publiques par les personnes étrangères à l'Assemblée, qui les avaient envahies.

Un grand nombre de représentants rentrent dans la salle.

Le citoyen Duclerc, ministre des finances, accompagné des citoyens Victor Grandin et Célestin Lagache, montent au bureau.)

LE CITOYEN CÉLESTIN LAGACHE, *au milieu du bruit.*

Ecoutez, gardes nationaux! c'est un membre du Gouvernement, c'est le citoyen Duclerc, qui vient prendre la présidence de l'Assemblée, en l'absence du président et des vice-présidents.

Voix nombreuses dans les rangs de la garde nationale. Nous soutiendrons l'Assemblée! *Vive l'Assemblée nationale!*

(Les dernières personnes étrangères à l'Assemblée, qui étaient encore dans la salle, sont entraînés par les gardes nationaux.)

Le citoyen Duclerc, *occupant le fauteuil du président.* Au nom de l'Assemblée nationale qui n'est pas dissoute...

Voix nombreuses dans les rangs de la garde nationale. Non! non! *Vive l'Assemblée nationale!*

Le citoyen Duclerc.... Au nom du peuple français, qu'une minorité infime et infâme ne déshonorera pas, l'Assemblée reprend ses travaux. (Bravo! bravo! — Nouveaux cris : *Vive l'Assemblée nationale!*)

En ce moment le citoyen de Courtais, en uniforme de commandant supérieur de la garde nationale, entre dans la salle par une des portes du côté droit. Il est accueilli par les cris nombreux et énergiques de : « A bas Courtais! à bas Courtais! » partis de tous les rangs de la garde nationale.

Le citoyen Courtais essaye de prendre la parole, mais il en est empêché par de nouveaux cris ; « A bas Courtais! à bas Courtais! il nous a trahis! »

Sur l'invitation de plusieurs citoyens, le général Courtais se décide à sortir de la salle ; plusieurs officiers de la garde nationale et les citoyens Flocon et Vieillard l'entourent et le protégent jusque hors de la salle contre les imprécations de tous les gardes nationaux et les menaces de quelques-uns d'entre eux ; mais le vice-président Corbon, qui venait lui-même de conduire un bataillon de mobile pour faire évacuer la salle, vient occuper le fauteuil à la place du citoyen Duclerc; plusieurs secrétaires qui s'étaient rendus à l'hôtel de la présidence le suivent.

Le citoyen Président. L'Assemblée reprend ses travaux. (Bravo!)

Le citoyen Clément Thomas, en uniforme de colonel de la garde nationale de Paris, entre en ce moment dans la salle et monte au bureau à côté du citoyen président. Il s'exprime ainsi : Au nom de la garde nationale de Paris tout entière, je proteste contre l'indigne violation qui vient d'avoir lieu aujourd'hui de la représentation nationale. Nous n'acceptons pas la dissolution insensée qui a été prononcée.

De toutes parts. Non! non!

LE CITOYEN CLÉMENT THOMAS. Nous allons reprendre nos travaux sous la protection de la garde nationale de Paris tout entière.

Tous les gardes nationaux. Oui! oui! *Vive l'Assemblée nationale! vive l'Assemblée nationale!*

Un officier de la garde nationale. Déclarez que la garde nationale de Paris est décidée à ne pas déposer les armes, tant que la sûreté de l'Assemblée nationale sera menacée.

Tous les gardes nationaux. Oui! Oui!

LE CITOYEN TRÉVENEUC, *au milieu du bruit.* Je propose à l'Assemblée de décider que la garde nationale, la mobile et l'armée ont bien mérité de la patrie. (Oui! oui!)

LE CITOYEN RAYNAL (THÉODORE.) L'Assemblée nationale déclare qu'elle mourrait à son poste plutôt que d'abandonner le droit qu'elle tient de la souveraineté populaire. Le devoir des représentants du peuple est de mourir pour la nation; s'ils meurent, d'autres les remplaceront. (Bravo!)

Le citoyen Crémieux, ministre de la justice, monte à la tribune, et essaye en vain de se faire entendre au milieu du bruit.

LE CITOYEN CLÉMENT THOMAS, *de sa place.* Citoyens, je suis entré ici dans ce costume par l'ordre du président de l'Assemblée nationale; je suis investi du commandement de la garde nationale de Paris. (Applaudissements dans les rangs de la garde nationale.)

(En ce moment le citoyen Lamartine, membre de la commission exécutive entre dans la salle. Il est accueilli par les cris nombreux de: *Vive Lamartine! vive la République!*

Sur l'invitation du président, les gardes nationaux qui occupaient une partie des bancs les plus rapprochés de la tribune et les couloirs de droite et de gauche, se rangent en cordon tout autour de la salle. Les citoyens représentants, dont le nombre s'élève environ à deux cents, reprennent leur place.

Le citoyen Lamartine monte à la tribune; le citoyen Crémieux y reste à côté de lui, et le citoyen Ledru-Rollin, membre de la commission exécutive, vient également se placer à ses côtés. Plusieurs représentants les entourent.

Sur l'ordre du président, les tambours de la garde nationale battent un ban. Le silence s'établit, et le citoyen président donne la parole au citoyen Lamartine.

LE CITOYEN LAMARTINE. Citoyens, le premier devoir de l'Assemblée nationale, rentrée libre dans son enceinte à l'ombre des baïonnettes, c'est de voter la reconnaissance à la patrie, à la garde nationale de Paris. (Longues acclamations. — Oui! oui! *Vive la garde nationale!*)

Les citoyens gardes nationaux. Vive l'Assemblée nationale! vive la république!

LE CITOYEN LAMARTINE. C'est de voter les remercîments de la France à la garde nationale de Paris, à la garde mobile. (Nouvelles acclamations.)

De toutes parts. Oui, à la garde nationale! à la garde mobile! à l'armée!

LE CITOYEN LAMARTINE. Mais nous manquerions au premier de nos devoirs si dans cette reconnaissance publique nous ne signalions pas une partie, la principale, l'immense majorité de la population de Paris, qui a été indignée des scandales qui ont un instant déshonoré cette enceinte, et qui s'est soulevée tout entière pour rétablir l'assiette de l'Assemblée nationale et de la patrie.

Les citoyens gardes nationaux. Vive l'Assemblée nationale! Nous mourrons pour la patrie!

LE CITOYEN LAMARTINE. Mais, citoyens, dans les circonstances urgentes où nous sommes placés, la tribune n'est pas la place de l'homme politique que vous avez désigné avec ses collègues pour veiller au salut de la patrie. (Bravo! bravo!) Sachez bien, citoyens, que si cette compromission momentanée, malheureuse, que dis-je, peut-être heureuse... (mouvement) car elle sera l'occasion... (Interruption). Sachez que si cette compromission momentanée de l'indépendance de l'Assemblée nationale a affecté la garde nationale tout entière, elle n'a pas moins affecté l'immense majorité de la population de Paris qui se pressait autour de vous pour une pétition, et qui rougissait d'avoir envahi votre enceinte et d'avoir profané la représentation nationale. (Bravo! bravo! — *Vive Lamartine! vive la république!*)

Citoyens, pendant qu'un Gouvernement de faction, pendant qu'un Gouvernement de parti, substitué pour un instant à la grande et unanime expression de l'élection universelle du peuple, va chercher ailleurs un siége de Gouvernement qui se brisera sous ses pieds... (Oui! oui!)

Tous les gardes nationaux. Nous y allons, nous y allons, nous allons partir pour l'Hôtel-de-Ville!

Le citoyen Lamartine. Je ne vous dirai pas que les moments sont précieux, car j'ai, comme vous, la confiance et la conviction que, plus le peuple de Paris aurait de temps pour réfléchir, plus il rougirait de l'attentat commis contre l'Assemblée nationale. (Oui, oui! vive la République!) En présence du malentendu terrible qui pourrait s'élever entre les départements isolés dans leurs représentants, et Paris, gardien de la sécurité de l'Assemblée, il faut aviser. (Oui! oui!) Eh bien! nous allons, nous, au nom du Gouvernement que vous avez proclamé il y a peu de jours, nous allons assister, par l'unanimité de la garde nationale et de la garde mobile, et de cette armée qu'il est impossible de séparer... ; (bravo! bravo!) nous allons nous réunir à l'instant, non-seulement moi, mais, je n'en doute pas, ceux-là mêmes que des choix irréfléchis... (interruption); nous allons nous réunir avec les membres du Gouvernement, qui, tous, je n'en doute pas, sont animés des mêmes sympathies, des mêmes sentiments que moi, avec ceux-là mêmes que le choix des factions aurait déshonorés; nous allons ratifier au plus tôt l'acclamation que vous avez faite, du brave chef de la garde nationale que vous avez nommé. (Bravo! bravo! — Vive Clément Thomas)! Citoyens, encore un mot, un seul mot.

Dans un moment pareil, le Gouvernement n'est plus dans un conseil, le Gouvernement est à votre tête, citoyens gardes nationaux; il est à votre tête dans la rue, sur le champ même du combat. (Bravo! bravo! Vives et universelles acclamations.)

Les citoyens gardes nationaux. A l'Hôtel-de-Ville, camarades, à l'Hôtel-de-ville!

Les tambours battent la marche, et les citoyens gardes nationaux quittent la salle des séances; un certain nombre d'entre eux restent pour garder les postes.

Le citoyen Président. Citoyens représentants, je vous prie de reprendre vos places.

Le citoyen Curial. Citoyens, déclarons que l'Assemblée nationale est en permanence ici. (Oui! oui! — Appuyé!)

Le citoyen Président. J'avertis l'Assemblée que le citoyen Charras, ministre de la guerre, est invité par le président à donner des ordres pour la sûreté de l'Assemblée. (Très-bien!)

Maintenant la parole est au citoyen ministre de la justice.

Le citoyen Crémieux, *ministre de la justice*. Citoyens, il n'y a rien de changé au milieu de nous. Nous sommes en ce moment l'Assemblée natiouale, comme nous l'étions il y a deux heures. (Oui ! oui !) Ainsi le calme et la modération au milieu de nous, mais l'énergie dans nos résolutions.

Citoyens, la première motion que je fais à l'Assemblée, c'est de se déclarer en permanence. (Oui ! oui !) Je demande que l'Assemblée rende un décret ainsi conçu :

« L'Assemblée nationale se déclare en permanence. » (Appuyé ! — Aux voix ! aux voix !)

LE CITOYEN PRÉSIDENT. Je mets le décret aux voix.

Que ceux qui sont d'avis de l'adopter veulent bien se lever.

(L'Assemblée tout entière se lève aux cris de *vive la République !*)

LE CITOYEN PRÉSIDENT. Le décret est adopté.

LE CITOYEN CRÉMIEUX, *ministre de la justice.* Citoyens, le Gouvernement exécutif que vous avez nommé est en ce moment, comme vous l'a annoncé le citoyen Lamartine, dans la rue, à son poste, et je suppose qu'il se rend à l'Hôtel-de-Ville pour empêcher toute espèce d'atteinte contre le palais du peuple, contre le palais que la victoire du peuple a consacré le 24 février.

Mais le sanctuaire de l'Assemblée nationale a été violé.

Citoyens, nous n'avons sans doute pas à nous offenser nous-mêmes de cette attaque sans portée; mais laisserons-nous ainsi violer l'Assemblée nationale sans que l'Assemblée prenne des mesures, non pas pour elle, mais pour la France tout entière qu'elle représente? (Très-bien !) Je ne connais pas assez les noms de ceux...

Un membre à droite. Je vous les dirai, moi.

LE CITOYEN DUCOUX. Je demande la parole.

LE CITOYEN MINISTRE. Mais je sais que, dans cette enceinte, un grand nombre de représentants les connaissent.

Plusieurs représentants. Pas de noms ! pas de noms !

LE CITOYEN FRANCISQUE BOUVET. Pas de noms à cette tribune ! Modération ! amnistie pour un égarement !

LE CITOYEN RAYNAL. Pas de dénonciation !

LE CITOYEN MINISTRE. L'Assemblée a entendu que j'ai déclaré ne pas connaître les noms. (Mouvements en sens divers.)

LE CITOYEN DE CHARANCEY. Je désire soumettre à l'Assemblée une proposition née de la gravité des circonstances actuelles.

Un immense scandale a été donné; il s'en est peu fallu

qu'un malheur irréparable n'ait été commis. La majesté de l'Assemblée a été compromise, sa majesté a été profanée un instant.

On faisait tout à l'heure un appel aux résolutions énergiques ; il importe à la dignité de la France, il importe au pays qui aura les yeux fixés sur nous, de prendre une résolution en harmonie avec la gravité de la situation. Quand un attentat était commis sous la monarchie contre la personne royale, il avait été pourvu à ce cas par des lois spéciales. (Interruptions diverses.) Aujourd'hui tous les pouvoirs sont concentrés au sein de l'Assemblée nationale ; un attentat a été commis contre elle, je demande qu'une instruction soit ouverte (Non ! non !) ; il n'existe pas de règles pour la procédure, mais la chambre peut nommer une commission qui sera chargée... (Non ! non !)

Je demande qu'une instruction soit ouverte sur les faits qui ont eu lieu ; il y a des questions qui doivent être éclaircies. Comment se fait-il, par exemple, que la sédition ait pu entrer sans obstacles jusqu'au sein de l'Assemblée nationale ? (Bruits divers.) Je demande que l'Assemblée nomme une commission chargée d'examiner toutes ces questions...

De toutes parts. Non ! non !

Le citoyen de Charancey. Ou que des injonctions soient immédiatement données à sa commission exécutive pour qu'elle découvre et fasse connaître la vérité.

Le citoyen Flocon, *ministre de l'agriculture et du commerce.* Citoyens, au moment où les lois reprennent leur cours, elles doivent reprendre à l'instant même leur cours régulier. Nous ne sommes pas en présence de périls si grands que nous ayons besoin d'en forcer l'action. Croyez-moi, j'ai bien apprécié, et je crois que l'avenir ne me démentira pas, j'ai bien apprécié le mouvement qui s'est produit ici ; ce mouvement a été à son début le résultat d'une erreur et d'un malentendu. (Mouvements divers. — Parlez ! parlez !) Comment voulez-vous rendre 300,000 hommes responsables de la faute ou du crime de quelques-uns ?

Il y a eu aujourd'hui, dans Paris, la volonté d'avoir une grande, solennelle et patriotique démonstration ; il y a eu une grande partie de la population, mue par un sentiment généreux qui vibrait au fond des cœurs de tous dans cette assemblée comme au dehors. A l'instant même où la manifestation arrivait sous les murs de cette enceinte, quelles étaient les paroles qui retentissaient dans cette même enceinte? celles d'un orateur qui demandait des secours pour la Pologne. Or, que demandait-on au dehors? des secours pour la Pologne. Croyez-le bien, citoyens, je pense qu'il serait politique de le dire bien haut : l'immense majorité des citoyens voulait faire une manifestation régulière et légale. (Mouvements en sens divers.) Le calme et la modération de part et d'autre sont indispensables, dans la situation où nous sommes, à l'intérêt commun. J'espère que vous me faciliterez ma tâche, en voulant bien m'écouter. (Parlez plus haut!).

Eh bien, voici ce que je vous dis : Vous êtes constitués en permanence; il me semble que c'est pour être d'accord avec la commission de Gouvernement que vous avez nommée pour prendre toutes les mesures législatives qui pourraient sauver l'Etat, si par malheur, ce que je ne crois pas, l'Etat se trouvait en péril; mais ce n'est pas par les mesures qu'on vient de vous proposer que vous devez commencer; et, permettez-moi de vous le dire, si vous voulez donner force et action à la commission de Gouvernement que vous avez nommée, attendez son initiative sur les propositions d'exécution. (Oui! oui! — Non!) C'est ce que je vous demandais à propos de la commission du règlement, c'est ce que je vous demande encore aujourd'hui. (Agitation.)

Un membre à droite, au milieu du bruit. Je demande que le général Courtais soit mis en accusation et déclaré traître à la patrie.

Plusieurs membres. C'est fait! c'est fait!

Le citoyen Ducoux. Citoyens, je comprends l'animation qui règne dans cette Assemblée; elle est la conséquence inévitable des vives émotions qui viennent de nous assaillir; mais pourtant ce n'est pas le moment de faire entendre des paroles de colère ; car, je vous le dis, en vérité cette séance, qui a commencé par un crime, se terminera par le salut de la République. (Très-bien! très-bien!) Cette invasion sera, pour nous tous républicains de la veille et républicains du lendemain, un avertissement (oui! oui) qui nous servira dans tous nos actes futurs, il servira à tous les éléments de républicanisme qui sont dans cette enceinte (approbation), il nous apprendra à combattre de pied ferme, sans arrière-pensée, ainsi que j'ai eu l'honneur de le dire, sans crainte et sans faiblesse, la réaction et l'anarchie. (Acclamations générales.)

Nous marcherons tête levée à la conquête des libertés que la révolution de Février a promises au peuple, et dont nous avons promis à la France la réalisation. Eh bien, je dois le dire, je crois, moi aussi, que cette manifestation, commencée dans des sentiments de calme et d'espérance, a été vers la fin dirigée par des hommes qui sont toujours debout quand il s'agit de tromper le peuple... (oui! oui!) quand il s'agit de l'égarer dans ce qu'il y a de plus noble dans ses élans. Vous avez vu, en effet, à ces vœux pour la Pologne, que nous refoulions silencieusement dans nos cœurs pour ne pas avoir l'air de céder à la menace et à l'intimidation; vous avez vu à ces vœux qui étaient les nôtres, succéder des violences, des théories qui nous conduiraient à l'abrutissement et au crétinisme. (Acclamations nouvelles.)

Je ne veux pas pousser plus loin mes reproches; mais je combattrai toutes les mesures de rigueur contre des hommes dont je déplore l'égarement, mais dont les principaux instigateurs n'échapperont pas, je le crois aussi, à la vigilance de votre commission exécutive. (Approbation générale.)

De toutes parts. L'ordre du jour!

LE CITOYEN FLOCON, *ministre de l'agriculture et du commerce.* Je demande que l'Assemblée reprenne le cours de ses travaux, en attendant les communications du Gouvernement.

LE CITOYEN TEISSIÉ-DELAMOTTE. Un mot de ma place. Dans l'intérêt de la France, je demande que le ministre de l'intérieur fasse partir immédiatement une dépêche qui annonce aux départements la bonne conduite de la garde nationale et de la ligne. Je considère que c'est une chose très-urgente. (C'est fait! c'est fait!)

LE CITOYEN PRÉSIDENT. C'est fait. La parole est au citoyen Faucher.

LE CITOYEN DEGOUSÉE, *questeur.* Je demande la parole. Citoyens, vos questeurs ont besoin de se justifier devant leurs collègues de la scène scandaleuse qui a eu lieu aujourd'hui. On pourrait les accuser de négligence; ils n'avaient rien négligé. Le président et eux avaient pris dès hier toutes les mesures nécessaires, et malgré le calme apparent qu'on leur disait exister, ce matin encore ils avaient placé deux bataillons en dehors du pont; ils en avaient placé un autre près du perron de l'Assemblée. Toutes les dispositions qu'ils avaient ordonnées avaient été changées, des rapports exacts leur avaient été faits. Eh bien, je demande que l'Assemblée invite la commission exécutive à prescrire la réorganisation de l'état-major de la garde nationale et de la préfecture de police. (Appuyé! appuyé!)

Je déclare que si ces deux mesures ne sont pas prises, les questeurs ne peuvent répondre de rien. (Mouvement.)

LE CITOYEN FLOCON, *ministre de l'agriculture et du commerce.* Citoyens représentants, ou vous avez un Gouvernement, ou vous n'en avez pas. Si vous avez voulu donner au pouvoir exécutif une action, ne le mettez pas de côté par des mesures de cet ordre-là; et quand il s'agit du pouvoir militaire supérieur agissant dans Paris, laissez la conduite et la direction au Gouvernement que vous avez nommé. (Très-bien!)

LE CITOYEN BINEAU. Je demande la parole.

LE CITOYEN FLOCON. Laissez-moi finir.

Un représentant. Pourquoi nous avez-vous laissé envahir?

LE CITOYEN FLOCON. Ce n'est pas moi qui vous ai laissé envahir; je suis ministre du commerce et de l'agriculture, et j'étais à mon bureau. (Oui! oui! — Très-bien!)

Ou vous avez un Gouvernement, ou vous n'en avez pas; si vous en avez un, laissez-le fonctionner régulièrement. Est-ce que vous croyez que, pendant que vous êtes ici assemblés, le Gouvernement nommé par vous est à causer?

Un représentant. Non, mais il n'a pas pris de mesures.

LE CITOYEN FLOCON. Allons, voyons, citoyens; ce n'est pas là un bon argument... Est-ce que vous supposez dans ce moment-ci votre Gouvernement occupé à délibérer? Évidemment non, vous le verrez bien; il agit, et du moment qu'il agit, il doit avoir entre les mains des moyens d'action. (Oui! oui! — C'est juste!) Voulez-vous les lui retirer? (Non! non!) Vous le pouvez par le vote qu'on vous demande si vous le voulez; vous le pouvez, mais, à l'instant, recevez la démission du citoyen Flocon. (Non! Non!)

Un représentant. Ce n'est pas le moment de donner votre démission.

LE CITOYEN FLOCON. Je rentrerai bien volontiers dans les rangs de simple citoyen. (Agitation prolongée.)

LE CITOYEN LÉON FAUCHER. Nous avons autre chose à faire, que de rechercher si le pouvoir exécutif avait pris toutes les précautions nécessaires pour mettre l'Assemblée à l'abri d'un attentat. Le pouvoir exécutif travaille en ce moment à réprimer cet attentat; nous ne devons pas ici, par des paroles qui seraient de nature à porter atteinte à sa considération... (Interruption.)

LE CITOYEN FLOCON, *se levant vivement à sa place.* Voici une communication que je reçois à l'instant même du Gouvernement... (Parlez! parlez!)

Le Gouvernement m'appelle auprès de lui; je m'y rends avec la confiance que vous ne lui ôterez pas les moyens d'action. (Non! non! — Très-bien!)

LE CITOYEN LÉON FAUCHER. Permettez-moi de continuer... (L'ordre du jour! l'ordre du jour!)

Dans ce qui s'est passé ici, il y a un fait qui est personnel à l'Assemblée, qui intéresse à un haut degré son pouvoir et sa dignité. C'est ce fait que je viens signaler, et dont je viens demander justice.

Vous avez vu le citoyen Barbès monter à cette tribune, et vous proposer des décrets attentatoires à votre liberté et aux intérêts de la nation; vous avez entendu dire à vos questeurs que le commandant de la force publique avait changé les ordres nécessaires qui avaient été pris pour protéger la liberté de vos délibérations. (Bruit.)

Eh bien, je dis que, quant à moi, l'Assemblée se manquerait à elle-même, si elle ne se faisait justice des attentats commis dans son sein. (Oui! oui! — Appuyé!

Je demande donc la mise en accusation des citoyens Barbès et Courtais. (Agitation en sens divers.—Non! non! pas de violence.)

LE CITOYEN HUOT. Je viens vous soumettre une proposition qui m'est suggérée par la gravité des circonstances au milieu desquelles nous nous trouvons. Il m'a été dit à l'instant que les membres du Gouvernement se trouvaient sur la place. (Bruit.) Je demande qu'une commission prise dans le sein de l'Assemblée, sorte et qu'elle se rende auprès de lui, qu'elle fasse part au Gouvernement et à la garde nationale des mesures que nous venons de prendre, que l'Assemblée vient de se déclarer en permanence, et que nous ne manquerons pas au mandat que nous avons reçu.

Voilà ce que je demande et ce que je crois une mesure essentielle à prendre en ce moment. (Appuyé!—Agitation extrême.)

LE CITOYEN VICTOR CONSIDÉRANT. Je demande la parole.

LE CITOYEN BERRYER. Je l'ai demandé avant vous.

Je demande l'ordre du jour, et je vais en dire les motifs

en peu de mots. Je conjure l'Assemblée de m'accorder un moment de silence.

Je demande que l'ordre du jour soit suivi avec la permanence de l'Assemblée. Je pense que la commission, à qui nous avons confié le pouvoir exécutif, ne cessera pas, pendant la permanence, de rendre compte de sa conduite à l'Assemblée, délibérant gravement, silencieusement, majestueusement. Je m'oppose à toutes les propositions qui viendraient troubler l'ordre du jour. (Très-bien!)

Quelles que pussent être ces propositions, elles auraient peut-être, aux yeux du peuple, un caractère de colère et d'animosité. Il faut que la souveraineté de l'Assemblée demeure avec sa majesté entière. Cette souveraineté, c'est la vie de la nation; si elle est menacée un jour, elle sera vengée par l'autorité des lois et par l'autorité publique; quant à nous, délibérons en paix et en suivant l'ordre du jour. (Très-bien! très-bien!)

Le citoyen Président. Je consulte l'Assemblée sur la proposition du citoyen Berryer.

(L'Assemblée décide que l'ordre du jour sera suivi.)

Le citoyen Président. La parole est au citoyen Wolowski pour la reprise des interpellations sur la Pologne.

Le citoyen de Dampierre. Il n'y a pas de ministres présents à l'Assemblée; les interpellations ne peuvent pas être reprises.

Je demande que l'Assemblée reprenne la suite de sa délibération sur son règlement.

Le citoyen Duclerc, *ministre des finances.* Je demande que la discussion ne continue pas; nous ne pourrions pas déclarer que nous voulons la guerre, parce que nous aurions l'air de voter sous l'action de la peur de l'anarchie; nous ne pourrions pas, non plus, déclarer que nous ne voulons pas la guerre parce que nous aurions l'air de voter sous l'empire d'un sentiment indigne de nous... (Très-bien! très-bien!)

Quelques membres. Un moment de suspension de séance.

Le citoyen Président. On demande un moment de suspension de séance. (Oui! oui! — Non! non!)

Le citoyen Wolowski. C'est par intérêt pour la sainte cause que je viens défendre, que je ne veux pas continuer maintenant les interpellations que je voulais adresser. Je veux que votre décision soit un élan de votre conscience, et qu'elle n'ait pas l'air d'être imposée. Je ne veux pas continuer les interpellations, et je renonce pour aujourd'hui à la parole. (Approbation.)

LE CITOYEN DE DAMPIERRE. Je demande que la chambre suive la discussion du règlement.

LE CITOYEN BEAUMONT (de la Somme). Je demande qu'on suspende la séance pendant une heure pour ramener le calme dans les esprits. Ensuite, je demande que votre bureau s'occupe immédiatement d'une proclamation à la capitale et aux départements, qui vienne rassurer tous les esprits. (Oui! oui! — Non! non!)

Un représentant. Mais il faut une punition pour les traîtres.

LE CITOYEN VEZIN. Je demande la parole sur l'ordre du jour, et je n'ai qu'une proposition à faire.

Je crois que ce qui est éminemment à l'ordre du jour, c'est la conduite de la garde nationale. Je demande que l'Assemblée, en retour de ce qui s'est fait ce matin, déclare que la garde nationale... (C'est fait!)

LE CITOYEN SÉNARD. Un mot... (Bruit.)

LE CITOYEN PRÉSIDENT. A huit heures, la séance sera reprise. Le bureau sera en permanence.

LE CITOYEN LUNEAU. Je demande la parole.

Citoyens représentants, vous avez déclaré que vous étiez en permanence. (Oui! oui!)

Je demande que vous continuiez votre séance. (Oui! oui!) Je demande que le président fasse prévenir les membres du Gouvernement que nous attendons ici en permanence, pour savoir les mesures qu'il aura prises.

D'abord, des simples citoyens ont, au milieu de Paris, des gardes prétoriennes. En permanence, jusqu'à ce qu'elles soient chassées de là! (Bravo!)

Secondement, le chemin de fer du Nord n'est pas libre; 1,200 hommes l'occupent en armes. En permanence, jusqu'à ce que la liberté des communications soit rétablie.

Enfin en permanence, jusqu'à ce que la sécurité soit rétablie sur tous les points de la capitale, et que le Gouvernement vienne nous dire : J'ai fait cela ; j'ai fait chasser d'ici quelques personnes qui ne devaient pas y être ; jusqu'à ce que la ville de Paris s'appartienne comme l'Assemblée nationale elle-même.

LE CITOYEN LIGNER. Je demande à dire un mot seulement.

Je demande aussi, pour mon compte, que la Chambre veuille bien se déclarer en permanence. Je demande s'il n'est pas vrai qu'un des membres du Gouvernement provisoire a dit qu'il avait empêché qu'on battît le rappel, et que, par conséquent, le peuple de Paris n'avait rien à craindre de la violence de la garde nationale.

Plusieurs voix. On n'a pas dit cela !

LE CITOYEN BINEAU. Citoyens, l'Assemblée a déclaré qu'elle est en permanence. (Oui !) Votre président vient de vous proposer de lever la séance pour la reprendre à huit heures. (Non ! non !) Il faut que, puisque l'Assemblée est en permanence, que le bureau reste en permanence. Ensuite, ceux de nous qui auront besoin de sortir, sortiront ; mais la séance n'en sera pas moins permanente, et nous serons toujours là ! (Oui ! oui !)

LE CITOYEN VEZIN. La garde nationale nous garde sous les armes, et vous voulez sortir !

LE CITOYEN BINEAU. Nous serons toujours là pour recevoir les communications du Gouvernement, et s'il y a lieu pour prendre les mesures que le salut public pourra exiger.

Un représentant. Je viens de l'Hôtel-de-Ville, et j'ai vu le conflit s'engager. J'appuie la proposition qui vient d'être faite par le préopinant.

LE CITOYEN ABRAHAM DUBOIS. Je demande la parole.

LE CITOYEN PRÉSIDENT. J'invite ceux qui ont besoin de sortir, à sortir, et ceux qui voudront rester, resteront. (Vive agitation.)

LE CITOYEN BERRYER. Que la fin de la séance ne ressemble pas au commencement.

(Un représentant entre en ce moment dans la salle, et après avoir parlé à quelques-uns de ses collègues, sur l'invitation de ceux-ci, il monte à la tribune, demande le silence et dit : Une communication, citoyens représentants... (Écoutez ! écoutez !) On nous donne comme certain... (Interruption.) C'est une communication. On nous donne comme certain, l'arrestation des citoyens Barbès, Blanqui, Raspail et du général Courtais... Ils sont arrêtés ! (Bravo ! bravo !)

LE CITOYEN CORBON, *vice-président.* Le ministère de l'intérieur avait été envahi par cent hommes, à la tête desquels se trouvait le citoyen Sobrier. (Le tumulte empêche d'entendre la nouvelle, et oblige le président à recommencer.)

Le citoyen Sobrier, à la tête de cent hommes, avait pénétré dans le ministère de l'intérieur; il s'était emparé des sceaux de l'intérieur; il est arrêté. (Bravo! bravo!)

Le citoyen Duclerc, *ministre des finances.* Citoyens, trois membres de la commission exécutive, Arago, Garnier-Pagès, Marie, sont en ce moment réunis au Luxembourg. Ils sont sous la protection d'une légion. Ils expédient des ordres pour la sûreté de la capitale et pour celle du pays. (Bravo! bravo!)

Un représentant, de sa place. Je demande où sont les citoyens Lamartine et Ledru-Rollin; s'ils sont au Luxembourg ou à l'Hôtel-de-Ville.

Un autre représentant, à la tribune. On vient de venir annoncer que le général Courtais était mis en état d'arrestation. La garde nationale est sans chef maintenant. Je demande que l'Assemblée nationale nomme par acclamation le général Duvivier. (Bruit.)

Le citoyen Corbon, *vice-président.* On a voté depuis deux heures que c'était le citoyen Clément Thomas.

Le citoyen Boulay (de la Meurthe). Je demande qu'une proclamation de l'Assemblée nationale apprenne à la France, l'attentat dont elle a été victime, et la répression de cet attentat.

Plusieurs voix. Cela a été fait.

Le citoyen Ligner. Citoyens représentants, on vient de vous demander tout à l'heure sous quelle autorité immédiate était placée la force publique chargée de protéger l'Assemblée et la ville. J'ai l'honneur d'annoncer à l'Assemblée, d'une manière certaine, que le commandement général a été remis entre les mains du lieutenant-général Fouché, commandant la 1re division militaire. La commission exécutive a pris toutes les mesures nécessaires pour la sécurité la plus complète de la ville et de l'Assemblée.

Une voix. Quel est le commandant Fouché?

Le citoyen Ligner. C'est le commandant de la 1re division militaire.

Le citoyen Buchez. Il paraît que l'Assemblée a pris une décision; mais, pour accomplir ma parole, je dois vous faire cette communication. (Bruit.) La commission exécutive et tous les ministres se sont réunis au Luxembourg. Ils avaient jugé utile, dans ce moment grave, de concentrer toutes les forces de la France dans le même palais. J'avais donc été chargé de vous proposer de réunir l'Assemblée dans l'ancienne chambre des Pairs. Il paraît, citoyens, que déjà vous avez décidé que vous resteriez ici. (Oui! oui!) Ainsi, je ne fais ici qu'accomplir une parole et vous apporter une proposition. J'apprends à l'instant que vous avez pris une décision. Je dois vous dire que, quant au Luxembourg et à la commission exécutive réunie au Luxembourg, elle est entourée d'un nombre considérable de gardes nationaux et de gardes mobiles très-bien disposés.

Le rassemblement s'est porté sur l'Hôtel-de-Ville. Les dernières nouvelles que j'ai reçues, c'est que le citoyen Marrast demande des renforts pour dissiper ces rassemblements. Ces renforts doivent lui être parvenus maintenant. Ce sont des renforts envoyés de la 5e et de la 6e légions. Ainsi, je crois, et je dois croire d'après tous les renseignements que j'ai reçus, que je viens de recevoir, que Paris est parfaitement dans la possession de la souveraineté nationale. (Bravo! bravo!)

Un membre. Il faudrait faire battre le rappel!

LE CITOYEN ODILON BARROT. Je demande qu'on envoie un message au pouvoir exécutif pour lui rendre compte de la situation de l'Assemblée et des dispositions prises pour empêcher de nouvelles tentatives violentes sur elle, et pour maintenir la libre communication de l'Assemblée avec le Gouvernement ; je demande qu'il veuille bien nous rendre compte des commandements qui ont été confiés, et que ces commandements soient en rapports directs de tous les instants avec le président et le bureau de l'Assemblée. Ce n'est que par ce moyen, que nous pouvons concentrer toutes les forces, réunir tous les efforts, pour maintenir la tranquillité de Paris. Je demanderai ensuite que l'Assemblée s'occupe d'une adresse à la brave et loyale garde nationale de Paris. (C'est fait! c'est fait!) Je ne parle pas de la garde nationale particulièrement, mais de la garde mobile et de toute la population de Paris. (C'est fait! c'est fait!) Il faut qu'elle soit rédigée à l'instant même. (C'est fait! c'est fait!)

LE CITOYEN BUCHEZ, *président.* Je répondrai à l'honorable citoyen Barrot que si les ordres donnés hier, ce matin, et pendant la séance avaient été exécutés, ce qui est arrivé ne serait pas arrivé.

LE CITOYEN MONTROL. C'est le président lui-même qui a donné l'ordre de ne pas battre le rappel.

LE CITOYEN LATRADE. Je ne proposerai pas de faire transporter l'Assemblée nationale au Luxembourg, où se trouve la commission exécutive, mais je demanderai que la commission exécutive soit priée de se rendre dans le palais de l'Assemblée nationale. Il est essentiel que nos communications avec la commission exécutive soient promptes, rapides ; mais je pense que le président s'est chargé d'envoyer, au nom de l'Assemblée, un message à la commission exécutive, et de la prier de se rendre dans le palais de l'Assemblée.

(Beaucoup de membres entourent la tribune.)

LE CITOYEN ROBERT, *secrétaire*. Citoyens, reprenez vos places, nous avons eu assez de désordre aujourd'hui.

LE CITOYEN PRÉSIDENT. Voulez-vous, citoyens représentants, que le pouvoir exécutif soit invité, par un message, à venir siéger ici? (Oui! oui!) Je mets la proposition aux voix.

(La proposition est mise aux voix et adoptée.)

LE CITOYEN BABAUD-LARIBIÈRE. Je suis chargé par le citoyen Etienne Arago, directeur général des postes, d'assurer à l'Assemblée nationale que le service ne sera pas interrompu, que toutes les mesures sont prises, et qu'à cette heure toutes les malles partent de Paris portant des nouvelles rassurantes aux départements.

LE CITOYEN PRÉSIDENT. Citoyens, j'ai une communication à vous faire. Le général Courtais a été arrêté par des gardes nationaux; mais comme il est membre de l'Assemblée nationale, la garde nationale propose de vous le rendre si vous le désirez. Voulez-vous qu'il vous soit rendu?

De toutes parts. Non! non!

LE CITOYEN DUCLERC, *ministre des finances*. Citoyens représentants, l'Assemblée nationale est seule souveraine; l'Assemblée nationale peut seule décréter l'arrestation d'un de ses membres. Quelle que soit la conduite du commandant supérieur de la garde nationale, dans l'intérêt de votre dignité et de votre sécurité, vous ne pouvez pas permettre que la garde nationale mette en état d'arrestation, sans votre consentement, un des membres de cette Assemblée. Je demande donc formellement que vous vous prononciez.

LE CITOYEN PRÉSIDENT. Citoyens, en vertu des pouvoirs que vous m'avez délégués, j'ai nommé le général Baraguay-d'Hilliers commandant de toutes les forces qui entourent la chambre; le général Baraguay-d'Hilliers, qui voudra bien s'entendre avec les questeurs, et particulièrement avec le général Négrier, son ami.

LE CITOYEN DUCLERC. On a demandé que le Gouvernement rendît compte des dispositions qui avaient été prises pour la sécurité de l'Assemblée; voici ces dispositions:

Quatre bataillons sont massés autour de l'Assemblée; de plus, à peine arrivé ici, j'ai envoyé au télégraphe une dépêche pour annoncer aux départements que l'Assemblée nationale avait été un instant envahie, mais que bientôt la garde nationale sédentaire et la garde mobile avaient mis les envahisseurs en fuite; que l'ordre était rétabli, et que l'Assemblée continuait ses délibérations.

Je dois ajouter qu'au moment où ma dépêche arrivait au ministère de l'intérieur, une dépêche analogue en était déjà partie.

Un membre. Et le préfet de police!

Une voix. Il est malade. (Ah! ah!)

LE CITOYEN JULES FAVRE, *sous-secrétaire d'État du ministère des affaires étrangères.* Je viens vous rendre compte, citoyens représentants, de la situation de votre conseil exécutif, des désirs qu'il a exprimés, et vous demander quelle sera votre décision. Le conseil exécutif est réuni au Petit-Luxembourg. Il a senti le besoin de se mettre en communication directe et incessante avec vous, afin que l'action, étant plus concentrée, fût à tous les instants plus forte.

Aussi l'Assemblée considérera-t-elle comme indispensable la réunion dans le même local du conseil exécutif et de l'Assemblée elle-même. (C'est voté.) On me dit que l'Assemblée a déjà pris une décision, je la respecte, et je ne demande, en aucune façon, qu'elle soit rapportée. Le conseil exécutif pensait que la position du Luxembourg était plus sûre. (Interruption. — Ecoutez!)

Je viens de parcourir une portion de Paris, et dans les rangs de la garde nationale, comme dans ceux de la garde nationale mobile et de l'armée, je n'ai entendu qu'un seul cri: *Vive l Assemblée nationale!*

Le mandat que le Gouvernement remplira tant qu'il aura un souffle de vie, sera de maintenir l'ordre et c'est précisément pour cette raison que nous demandons à nous mettre en communication incessante avec l'Assemblée nationale. Je disais que je croyais utile que l'Assemblée nationale et la commission exécutive pussent être réunies; mais, quant à moi, l'Assemblée nationale ayant déjà voté, le palais de l'Assemblée nationale étant entouré par une foule de gardes nationaux, par une foule de soldats, qui tous sont déterminés à faire respecter la légalité, la liberté, qui, si elle était étouffée, entraînerait à jamais la ruine de notre patrie (bravo), je crois qu'il est nécessaire que vous désigniez une commission qui vînt processionnellement, permettez-moi le mot, chercher le Gouvernement exécutif.

Plusieurs voix. Tous! tous!

D'autres voix. Non pas! non pas!

Un représentant. Un message!

LE CITOYEN BERRYER. Je demande la parole.

Citoyens, un mot, je vous prie. Il faut réunir tous les pouvoirs autour de vous; et c'est précisément parce que cette enceinte a été violée que nous ne devons pas en sortir. Tous les corps de l'Etat doivent être réunis.

LE CITOYEN LUNEAU. Il faut envoyer chercher la commission exécutive par un message.

LE CITOYEN OSCAR LAFAYETTE. Nous avons déjà voté que l'Assemblée nationale resterait dans cette enceinte, et que le pouvoir exécutif s'y rendrait. Je demande si ce vote de la chambre a été communiqué au pouvoir exécutif par un message.

LE CITOYEN PORTALIS. Citoyens représentants du peuple, un grand crime a été commis, (oui! oui!) le plus grand des crimes dans un pays libre. (C'est vrai!) Il ne s'est pas encore écoulé vingt-quatre heures; nous sommes dans les termes rigoureux du flagrant délit. Comme procureur général de la République, je requiers contre certains individus qui se sont présentés ici des mandats d'amener, (c'est fait! c'est fait!) et je vous demande, à vous représentants du peuple, à autoriser la poursuite que j'entends commencer. (Oui! oui! — Mouvements divers.)

LE CITOYEN BERGER. Vous connaissez vos droits; usez-en.

LE CITOYEN PORTALIS. Dans les auteurs présumés du crime qui vient d'être commis, il y a deux membres de cette Assemblée. Je m'arrête respectueusement devant cette Assemblée; mais je vous demande l'autorisation de les mettre sous la main de la justice. (Oui! oui! — Vous l'avez!)

LE CITOYEN GUSTAVE DE BEAUMONT. Vous n'avez pas besoin de demander des pouvoirs qui vous appartiennent.

LE CITOYEN PORTALIS. C'est un devoir rigoureux. Mais, dans ces grands ébranlements politiques, il est bon que la justice marche d'accord avec le parlement.

Je vous demande l'autorisation de mettre sous la main de la justice les citoyens Courtais et Barbès. (Oui! oui! — Aux voix! aux voix!)

Le citoyen Théodore Bac. Citoyens, l'autorisation qu'on vient nous demander n'est pas nécessaire à l'action de la justice, (si! si!) puisque, en cas de flagrant délit, les représentants du peuple peuvent toujours être mis en état d'arrestation.

En vertu d'un principe écrit dans toutes les constitutions, le flagrant délit est exceptionnel. L'inviolabilité des représentants, c'est un principe éternel qui a sa racine dans le droit lui-même, un principe indestructible; car il ne faut pas venir demander à l'Assemblée nationale un acte dont on n'a pas besoin. Elle mûrira ses délibérations; elle aura plus tard à se prononcer; qu'elle le fasse dans sa sagesse, dans sa modération, dans sa gravité; mais qu'elle ne se hâte pas d'intervenir là où la justice régulière peut intervenir sans son concours.

Quelques voix. Appuyé!

Le citoyen Latrade. Je demande à répondre deux mots seulement à ce qu'a dit tout à l'heure le procureur général : qu'il nous demande l'autorisation de poursuivre un, deux, trois membres de cette Assemblée; mais qu'il ne les désigne nominativement que quand il y aura des faits à produire contre eux. (Il les a nommés!)

Qu'il produise des pièces.

Si j'insiste à cet égard, c'est que je crains que, sur l'un des deux noms qu'il nous a prononcés, il n'y ait peut-être plus d'incapacité que de crime.

Le citoyen Quentin Bauchart. Il est absolument indispensable d'accorder au procureur général de la République l'autorisation de décerner des mandats d'amener. Effectivement, sous le gouvernement déchu, en cas de flagrant délit, un mandat pouvait être décerné sans difficulté pour les députés; mais il y avait doute pour les pairs de France. (Bruits divers.) Permettez, n'oubliez pas que nous ne sommes qu'une constituante, que nous ne sommes pas une assemblée législative; que rien ne peut nous atteindre; qu'aucun pouvoir ne contrarie le nôtre; qu'un procureur général ne peut porter la main sur nous, si l'Assemblée tout entière ou au moins la majorité ne l'y autorise formellement. Ainsi, point de doute : autorisez, l'autorisation est nécessaire; vous manqueriez à votre devoir, si vous ne l'accordiez pas.

Le citoyen de Dampierre. Qu'on mette sous la main de la justice tous les membres de la chambre contre lesquels il y a à exercer des poursuites, et non pas contre deu personnes nominativement. (Mouvement.)

Le citoyen Detours. Avant d'examiner si vous devez donner au procureur général les pouvoirs qu'il demande, je voudrais qu'on dît quels sont les faits reprochés à Barbès. Je les ignore.

(De vives interpellations sont adressées à l'orateur.)

Voix nombreuses. Vous ne l'avez donc pas entendu?

Le même représentant. Je déclare que j'ignore quels sont les faits qui sont reprochés à Barbès. (Allons donc!)

Un membre. C'est que vous n'étiez pas à la séance.

Le même représentant. J'étais à la séance. Je demande qu'on s'explique, et qu'on nous dise quels sont les faits qui lui sont reprochés.

Le citoyen Théodore Raynal. Je ferai observer qu'il n'y a pas de loi qui décrète l'inviolabilité des représentants. Dans cette circonstance, la justice est saisie, et cela doit suffire.

(Le citoyen Portalis se présente à la tribune.)

Le citoyen d'Adelswærd. Je demande que chacun soit à sa place, et conserve le silence le plus respectueux. Comment! lorsqu'une pensée convient aux uns et déplaît aux autres, est-il permis à ceux à qui elle déplaît de s'insurger et de troubler l'ordre? Citoyens, nous perdons un temps précieux, et je demande un silence religieux, je demande que les propositions, quelles qu'elles soient, soient écoutées en silence, de manière à ce qu'elles soient acceptées si elles sont bonnes et rejetées si elles sont mauvaises. (Approbation.)

Le citoyen Portalis. Citoyens représentants, je crois que la proposition que j'ai eu l'honneur de vous soumettre convient à la dignité de l'Assemblée; mais j'ai à répondre à deux objections.

On vous a dit d'abord que vous ne seriez inviolables qu'en vertu des chartes précédentes; mais, pensez-y, il n'y a plus de charte, et il y a une grande et immense révolution. Vous êtes ici les représentants du peuple; tous, au même titre, vous avez la *plénitude de la puissance*, et je conteste à quelque pouvoir que ce soit le droit d'attenter à la liberté d'aucun de vous. Par conséquent, ce n'est pas en vertu des chartes, mais en vertu du dogme de la souveraineté du peuple, dont vous êtes ici les fidèles mandataires, que je viens vous demander respectueusement, c'est mon devoir, d'autoriser la main de justice à s'appesantir sur deux des auteurs présumés du crime qui vient de se commettre.

L'autre objection est celle-ci : vous ne parlez que de deux représentants, et il y en a peut-être plusieurs.

Citoyens, l'instruction nous le prouvera, et nous n'hésiterons pas davantage à demander l'arrestation des autres, lorsque le crime des autres nous sera officiellement connu.

Citoyens représentants, pensez-y, tout est grave, tout est solennel dans cette occasion; il ne faut ni timidité ni colère. (Très-bien! très-bien!)

Ainsi, quand je vous demande des mandats d'amener contre deux représentants, je ne prétends pas que la main de justice soit emprisonnée; mais je ne veux pas non plus d'un pouvoir illimité; (très-bien!) je ne m'en soucie pas. A mesure que l'instruction avancera et que la complicité ou le crime des autres sera connu, j'aurai l'honneur de vous demander de nouveaux pouvoirs, et je le ferai toujours avec le même calme, mais aussi avec la même fermeté. (Très-bien! très-bien! — Aux voix!)

Le citoyen Président. Citoyen Portalis, voulez-vous formuler votre proposition pour que je la mette aux voix?

Le citoyen Portalis. Ma proposition est d'autoriser la poursuite des citoyens Courtais et Barbès, et d'ordonner leur mise en arrestation. (Oui! oui! — Aux voix!)

(La question, ainsi posée, est mise aux voix et adoptée.)

Le citoyen Président. L'Assemblée autorise les poursuites contre les citoyens Courtais et Barbès, membres de l'Assemblée nationale, et leur mise en arrestation.

Quelques voix. On n'a pas entendu.

Un membre. On ne peut pas procéder ainsi.

Le citoyen Luneau. Il ne faut pas qu'il y ait surprise; et, du moment que quelques-uns de nos collègues n'ont pas entendu la question, je demande que, dans le calme et le silence de l'Assemblée, le citoyen président veuille bien la remettre aux voix; car, évidemment, si la proposition a été parfaitement entendue à la première mise aux voix, le résultat sera le même.

Le citoyen Président. Attendu la gravité du décret, je vais le remettre aux voix.

Le citoyen Garnier-Pagès, *à la tribune.* Citoyens, voulez-vous me permettre... (Non! non! — Laissez voter.)

Le citoyen Luneau. Au nom du peuple, le vote!

Le citoyen Président. Voulez-vous que je mette aux voix la proposition! (Oui! oui!)

Que ceux qui sont d'avis que le général Courtais et le citoyen Barbès, membres de l'Assemblée nationale, soient mis en accusation veuillent bien se lever. (En arrestation! en arrestation!)

Un membre. Il s'agit d'autoriser des poursuites, pas autre chose.

LE CITOYEN GUSTAVE DE BEAUMONT. Il ne s'agit pas d'accusation, mais d'arrestation.

LE CITOYEN PRÉSIDENT. Que ceux qui sont d'avis de maintenir en état d'arrestation le général Courtais, d'une part, et le citoyen Barbès, d'autre part, veuillent bien se lever. (Bruit et agitation.)

Voix nombreuses. On n'entend pas!

LE CITOYEN D'ADELSWÆRD. Si l'on fait des interruptions continuelles, il est impossible d'entendre. Si vous voulez entendre, faites silence.

(La chambre décide que le général Courtais et le citoyen Barbès sont maintenus en état d'arrestation.)

Plusieurs membres. On n'a pas entendu!

Un représentant. Si l'on fait des interruptions continuelles, il sera impossible d'entendre.

(Le citoyen Portalis dépose sur le bureau un réquisitoire dont le citoyen Peupin, l'un des secrétaires, donne lecture.)

LE CITOYEN PEUPIN. Voici le réquisitoire du citoyen procureur général:

« Je demande l'autorisation de l'Assemblée nationale pour poursuivre et mettre sous mandat d'amener les citoyens Courtais et Barbès, membres de cette Assemblée nationale. PORTALIS. »

LE CITOYEN PRÉSIDENT. C'est dans ces termes que j'ai posé la question. (C'est voté! c'est voté!)

La parole est au citoyen Garnier-Pagès. (Bruit.)

LE CITOYEN PEUPIN. Silence, s'il vous plaît, sans quoi nous n'en sortirons jamais.

LE CITOYEN GARNIER-PAGÈS. Si l'Assemblée veut me permettre de prendre un instant la parole, je lui dirai que la question, en ce moment, me paraît mal posée par le citoyen Portalis. (C'est voté! c'est voté!)

LE CITOYEN OSCAR LAFAYETTE. Je demande que l'on ne revienne pas sur une chose votée deux fois par la chambre. La question a été posée de la manière la plus claire, la plus nette; l'Assemblée nationale a délibéré, elle a voté deux fois de suite. Je demande qu'on ne revienne pas sur ce qui a été fait.

Un représentant. L'Assemblée manque de dignité et de calme.

Un autre représentant. A l'ordre! vous manquez de respect à l'Assemblée.

LE CITOYEN GARNIER-PAGÈS. Il y a eu vote, je ne pense pas qu'on puisse y revenir. (Non! non!) Si j'ai demandé la parole, c'est pour rendre compte à l'Assemblée des mesures que la commission du pouvoir exécutif a cru devoir prendre dans ces circonstances. (Marques d'assentiment.)

Dès le matin, connaissant les desseins de certains agitateurs, nous avions donné immédiatement au ministre de l'intérieur l'ordre de suivre et d'arrêter les factieux. Toutes les mesures d'ordre que nous avions pu prendre n'ont pas été complétement exécutées suivant notre volonté et notre désir.

Mais, du moment où nous avons su qu'une foule menaçante circulait sur les boulevards, et voulait faire insulte à l'Assemblée nationale du peuple, qui est le seul peuple que nous devons reconnaître, (bravo! bravo!) nous nous sommes immédiatement divisés en deux parties : trois d'entre nous sont venus siéger au milieu de vous; deux sont restés au Luxembourg, siége de la commission du pouvoir exécutif, et là, immédiatement, nous avons donné des ordres à tous les maires, à tous les colonels, à l'état-major de la garde nationale, pour que le rappel fût à l'instant même battu et que des mesures fussent prises pour sévir contre ceux qui, non-seulement oseraient se conduire d'une manière factieuse, mais qui voudraient lutter contre le souverain, le souverain que représente ici l'Assemblée. (Applaudissements.)

Citoyens, nous avons donné l'ordre à l'instant, quand nous avons su qu'une foule factieuse avait voulu envahir, avait envahi l'Assemblée, que quelques insensés avaient voulu déshonorer la tribune; alors même nous avons donné l'ordre de concentrer autour de l'Assemblée nationale des forces suffisantes, des forces considérables; et cette brave garde nationale n'a pas manqué à l'appel que nous lui avons fait; elle s'est rendue de tous les côtés autour de cette Assemblée, pour faire respecter et l'Assemblée et les décisions que vous pouviez prendre. (Très-bien!)

Nous nous sommes mis immédiatement en rapport avec le commandant de la division militaire, avec tous les centres d'action. Dès une heure, nous avons transmis au commandant de la division militaire le commandement de la garde nationale et de toutes les forces qui pouvaient véritablement défendre et soutenir l'indépendance de la souveraineté de l'Assemblée.

Nous avons pris ces mesures; mais ce n'est pas tout. Il y en a d'autres à prendre, et nous vous déclarons que nous sommes décidés à obéir, d'une part à l'Assemblée nationale dans les ordres qu'elle voudra bien nous transmettre, d'autre part, le pouvoir dont vous nous avez investis, dont vous nous avez honorés, ce pouvoir, nous nous en servirons pour sévir avec vigueur, comme nous l'avons dit dans une proclamation hier, contre ceux qui ont commis l'attentat. (Vives marques d'approbation.)

Le citoyen Aylies. Et les clubs?

Le citoyen Garnier-Pagès. Les clubs qui ont conspiré sont fermés. Marques d'assentiment.) Nous respecterons le droit de réunion, car c'est au droit de réunion qu'est due la glorieuse révolution du 24 février; mais des clubs qui se réunissent en armes, qui se réunissent menaçants, qui menacent sans cesse d'envahir l'Assemblée nationale, ceux-là nous les dissiperons, (très-bien!) nous les poursuivrons. (Applaudissements.) Nous sommes décidés à donner de l'énergie au pouvoir, (très-bien!) ou nous donnerons notre démission.

Voix nombreuses. Vous ne la donnerez pas.

Le citoyen Garnier-Pagès. Nous avons agi avec énergie; nous continuerons d'agir avec la même énergie. Oui, nous voulons tous une république ferme, honnête et modérée. (Bravo! bravo!)

(Toute l'Assemblée se lève en poussant un cri unanime de *vive la République!* Tous les membres se tournent ensuite vers les tribunes, qui sont remplies de gardes nationaux, et crient: *Vive la garde nationale!* Ceux-ci leur répondent avec beaucoup d'énergie: *Vive l'Assemblée nationale!*)

Le citoyen Garnier-Pagès. C'est la République, que la France veut; elle n'en veut pas d'autre. Oui, nous vous soutiendrons; oui, nous vous aiderons, et nous ferons de la véritable fraternité, non pas de la fraternité exclusive et qui maudit, mais celle, en effet, qui contient l'amour de tous au fond du cœur, et qui connaît les véritables intérêts du peuple, qui sont d'abord l'ordre et le travail. (Très-bien!)

Citoyens, le pouvoir exécutif se tient à la disposition de l'Assemblée pour prendre toutes les mesures nécessaires dans les circonstances critiques où nous nous trouvons. (Très-bien ! — Bravo ! bravo !)

Un représentant. Je demande la nomination d'une commission pour rechercher toutes les mesures à prendre.

Plusieurs voix. Non ! non ! c'est le pouvoir exécutif !

Un grand nombre de représentants vont féliciter le citoyen Garnier-Pagès, qui est retourné à son banc.

Après un moment d'interruption, le citoyen Peupin monte à la tribune et dit :

Citoyens, veuillez prendre vos places ; c'est très-important. C'est un message de l'Hôtel-de-Ville. (Le silence se rétablit.)

« Le délégué du citoyen président de l'Assemblée nationale installé à l'Hôtel-de-Ville désirerait savoir si l'Assemblée est réunie. Il attend ses ordres ultérieurs ; il lui rappelle qu'il doit lui envoyer des ordres pour partir, à l'instant, pour Lille, où un mouvement, pareil à celui de Paris, est organisé. (Mouvement.) Il attend ses ordres. Les citoyens Lamartine et Ledru-Rollin siégent avec nous ; nous sommes en force ; j'ai rédigé ma proclamation signée du maire de Paris, qui proclame l'existence de l'Assemblée nationale.

« Antony THOURET. »

Plusieurs voix. Qui est-ce ?

Une voix. C'est un membre de l'Assemblée. (Non, non !)

LE CITOYEN DEGOUSÉE. Touret est le premier commissaire envoyé dans le département du Nord, après le 24 février. Touret est un vrai républicain, qui a fait aimer et chérir la République. Depuis, il a été révoqué. Aujourd'hui, lorsque le peuple a envahi l'Assemblée, il est impossible de déployer plus de courage et d'énergie qu'il ne l'a fait. Il est connu par la plupart des hommes exaltés comme un vrai républicain ; ils ont obéi souvent à sa voix. Lorsque M. le président a été insulté, c'est lui qui l'a enlevé du milieu de l'Assemblée, et qui l'a conduit au dehors. Je crois que vous ne pouvez faire un meilleur choix que le citoyen Touret.

LE CITOYEN JUSSEREAU. Avant la lecture de la lettre que vous venez d'entendre, j'avais l'intention de vous faire une proposition. Depuis que vous avez lu cette lettre, cette proposition devient plus importante encore.

Je voulais vous demander que vous voulussiez bien envoyer à l'Hôtel-de-Ville une douzaine de vos membres à la tête d'une compagnie de la garde nationale. Dans ce moment Paris est dans la plus profonde inquiétude : la garde nationale tout entière est sous les armes; on ne sait si l'Assemblée est en sûreté ou ne l'est pas. Le bruit que nous entendons à vingt pas de cette porte prouve qu'on ignore dans les quartiers de Paris ce qui se passe.

Je demande donc que douze ou quinze membres de cette Assemblée se rendent à l'Hôtel-de-Ville à la tête d'une compagnie de la garde nationale, et que dans leur trajet ils fassent connaître ce qui se passe ici; et probablement il résultera de cette mesure une tranquillité instantanée là où il n'y a encore que de l'incertitude. (Appuyé!) Je ne vois pas le moindre inconvénient à cette mesure-là.

Le citoyen Besnard. Citoyens, après trois heures écoulées de la malheureuse situation dans laquelle nous étions, je suis sorti, j'ai rencontré dehors, à droite et à gauche des quais, des hommes de la garde nationale; ils étaient dans une complète immobilité. Je me suis adressé aux chefs de la garde nationale qui m'ont répondu n'avoir reçu aucun ordre. Qui êtes-vous? me dirent-ils. Je leur montrai les insignes de représentants, et je leur dis : Nous sommes depuis trois heures sous la plus affreuse des oppressions, des misérables viennent de déclarer l'Assemblée nationale dissoute. On m'a répondu : Elle n'est donc pas dissoute! Non, leur dis-je; mes collègues sont encore à leur poste. Je demandais le secours de la garde nationale, et chacun des hommes de dire : Nous n'avons pas d'ordres, nous attendons des ordres. Eh bien, leur dis-je, comme représentant, je viens vous ordonner de prêter secours à l'Assemblée nationale.

Loin de moi de douter de la loyauté des membres de la commission exécutive, je crois que tout ce qui a été dit est vrai; mais entre le Gouvernement et la garde nationale, il y a des intermédiaires nombreux, il faut qu'on sache qui a pu paralyser les ordres qui ont été donnés pour nous protéger.

Le citoyen Pérignon. Exigez donc, citoyen président, que le milieu de la Chambre ne soit pas ainsi obstrué et que chaque membre soit à sa place.

Le citoyen Léon Faucher. Citoyens, il ne me paraît pas nécessaire que les membres de l'Assemblée aillent se montrer dans Paris pour prouver que l'ordre est rétabli; il suffit que le pouvoir exécutif paraisse, il suffit qu'il affiche des proclamations, il suffit qu'il donne des ordres à tou les chefs de corps de répandre le bruit que l'Assemblée nationale est en sûreté, qu'elle a repris sa liberté, la plénitude de sa souveraineté et qu'elle l'exerce pour le bien du pays.

Je demande, afin que pareil événement ne puisse se reproduire, qu'on multiplie les précautions plutôt que de se trouver en défaut.

LE CITOYEN DE FALLOUX. Le citoyen Lamartine revient après avoir réinstallé le Gouvernement à l'Hôtel-de-Ville.

(Le citoyen Clément Thomas, blessé à la main droite, paraît à la tribune. Il est salué par les acclamations de l'Assemblée.)

« Citoyens, dit-il, dans un moment difficile, investi du commandement supérieur de la garde nationale de Paris, je l'ai accepté, parce qu'il y avait un danger et un devoir. (Bravo! bravo!) Maintenant, les misérables qui étaient venus envahir l'Assemblée sont renversés, arrêtés; et ils seront jugés conformément à la sévérité des lois. Je crois que je ne puis accepter l'autorité que vous m'avez conférée que de la part du pouvoir exécutif; je me démets donc de ces fonctions que vous m'aviez conférées jusqu'à ce qu'elles me soient conférées par le pouvoir exécutif, ou qu'un plus digne que moi en soit investi. (Bravo! bravo!)

LE CITOYEN GARNIER-PAGÈS. En réponse aux paroles qui viennent d'être prononcées par le citoyen Clément Thomas, je demande à l'Assemblée la permission de lui lire l'arrêté de la commission du pouvoir exécutif :

« Au nom du peuple et de l'Assemblée nationale, la commission du pouvoir exécutif nomme le citoyen Clément Thomas commandant supérieur de la garde nationale de Paris. » (Bravo! bravo!)

LE CITOYEN LAMARTINE. Citoyens, le Gouvernement a la satisfaction d'annoncer à l'Assemblée et à la France que la sédition a été étouffée dans son germe même; que ces hommes qui s'étaient transportés d'ici, du centre de la nation, du chef-lieu des départements, du foyer de la véritable Assemblée nationale, et qui avaient transporté leur gouvernement à l'Hôtel-de-Ville, y ont été repoussés par l'unanimité du peuple de Paris, de la garde nationale, de l'armée, de tout ce qui mérite le nom de nation. (Bravo! bravo!)

Ainsi, citoyens, à l'heure même où nos départements consternés apprendront la violation momentanée de l'Assemblée nationale, à cette même heure ils apprendront la vengeance pacifique du peuple héroïque de Paris; ils apprendront que la garde nationale, l'armée, la garde mobile et les citoyens de toutes les conditions, de toutes les professions, de tous les rangs, de toutes les fortunes, se sont réunis comme un seul homme, comme un faisceau d'un million d'hommes, pour restituer à l'Assemblée nationale la dignité, la liberté, l'indépendance, le respect qu'elle avait un moment perdu. Le citoyen Clément Thomas vous rendra compte des justes mesures de précaution et de sévérité que mon collègue Ledru-Rollin et moi nous n'avons pas hésité à prendre et à signer à la minute pour rétablir l'autorité, la dignité, le respect de vos délibérations.

Emportez donc de cette séance cette seule et unanime conviction, que le peuple de la France et le peuple de Paris, c'est un seul peuple, et que le peuple de Paris et l'Assemblée nationale c'est un seul et même sentiment, c'est un seul et même intérêt, c'est, entre eux, à la vie, à la mort. (Une acclamation de bravos suit ces paroles.)

Le citoyen Luneau. Puisque nous possédons la commission du pouvoir exécutif, je lui demanderai de compléter les renseignements que nous avons déjà.

Et d'abord, vous avez reçu cette communication qu'à l'Hôtel-de-Ville on a besoin de renforts. Je demande que le Gouvernement s'explique sur ce point. L'Hôtel-de-Ville est-il occupé complétement par la garde nationale? (Oui! oui!)

D'un autre côté, un local de l'ancienne liste civile, rue de Rivoli, est-il occupé par la garde nationale?

Un représentant. On y a fait des recherches; il est complétement évacué.

Des ordres ont été donnés par le ministre de l'intérieur, et ces ordres ont été exécutés.

Le citoyen Luneau. Je me félicite d'avoir à enregistrer ces réponses catégoriques qui, transmises à la population de Paris, la rassureront complétement.

Une autre question. La garde du chemin de fer du Nord était confiée à d'autres qu'à la garde nationale. Eh bien, la garde nationale est-elle maintenant en possession de ce poste? Si elle ne l'est pas, je demande qu'elle en prenne possession à l'instant.

Je demande que tous les points de la capitale qui ne sont pas occupés par la garde nationale le soient immédiatement.

(Plusieurs représentants amènent le citoyen Louis Blanc

poursuivi par des citoyens qui voulaient l'arrêter. Les membres de l'Assemblée le prennent sous leur protection.)

Quelques voix. Qu'on l'arrête!

D'autres membres. Non, c'est un représentant, il faut respecter sa liberté.

LE CITOYEN LUNEAU. Citoyens gardes nationaux, pas de violence; respectez les membres de l'Assemblée. (Les gardes nationaux se retirent.)

Plusieurs représentants. Laissez parler Louis Blanc.

(Le citoyen Louis Blanc monte à la tribune. Des interpellations nombreuses lui sont adressées de toutes parts. Il descend de la tribune au milieu de mille cris confus.)

Un membre. Respectez Louis Blanc comme collègue.

Un autre membre. Ce n'est point un collègue; c'est un factieux. (L'Assemblée est dans une agitation impossible à décrire.)

LE CITOYEN PRÉSIDENT. Citoyens représentants, je vous engage à reprendre vos places. L'Assemblée n'existe pas quand elle est en désordre. Je vous invite à vous rasseoir. (En place! en place!)

LE CITOYEN LUNEAU. Citoyens représentants, je demande du calme; au nom de la dignité, au nom des convenances, je demande quelques instants de silence. MM. les ministres viennent de nous dire tout à l'heure qu'un gouvernement provisoire qui avait voulu usurper tous les pouvoirs, était allé à l'Hôtel-de-Ville, qu'il avait siégé à l'Hôtel-de-Ville. On m'assure à l'instant que cela n'existe plus; mais, je le demande, s'est-on saisi de tous ceux qui ont commis cet attentat, ce crime de lèse-nation et de lèse-souveraineté du peuple, et si, ce que je ne veux pas prévoir, quelques autres représentants du peuple avaient eu le malheur de siéger en cette qualité, je voudrais qu'on nous le dît ici, afin que les mêmes dispositions soient prises tant pour eux que pour les deux représentants déjà désignés, et que la même autorisation de poursuites soit donnée à leur égard.

Enfin j'arrive à un autre point, et je demande que le Gouvernement s'explique sur les mesures qui ont été prises pour la préfecture de police. Tout le monde sait que cette préfecture de police est occupée par une force qui n'est pas régulière et qui y siége. Je demande que cette préfecture, dans toutes ses divisions et départements, dans tout le local, soit occupée par la garde nationale. Je demande aussi qu'on nous donne une réponse catégorique sur tous ces points. Voilà pourquoi nous sommes en permanence. (Très-bien !)

LE CITOYEN VIGNERTE. Le prétendu Gouvernement provisoire...

De toutes parts. Laissez parler M. Garnier-Pagès.

LE CITOYEN GARNIER-PAGÈS, Citoyens représentants, la commission du pouvoir exécutif a pris dès le matin toutes les mesures nécessaires... (Agitation.)

Nous pensons que des ordres n'ont pas été exécutés...

De toutes parts. Par qui ?

LE CITOYEN GARNIER-PAGÈS. Nous rendrons compte à l'Assemblée nationale, demain, de toutes les mesures qui ont été successivement prises ; nous savons parfaitement qu'il y a encore beaucoup d'autres mesures à prendre ; que l'Assemblée soit bien convaincue que le pouvoir exécutif remplira tous les devoirs que vous lui avez délégués. Nous croyons que la préfecture de police doit, en effet, dans ce moment, comme tous les autres grands postes, être occupée par la garde nationale.

Il faut agir avec force, avec vigueur, mais avec circonspection.

Voix nombreuses. Il faut de l'énergie.

Quelques représentants. Pas de réaction.

LE CITOYEN ODILON BARROT. Pas de réaction, mais pas de faiblesse.

LE CITOYEN GARNIER-PAGÈS. Que l'Assemblée soit convaincue que nous agirons avec énergie... (Oui ! oui !) Si telle est sa volonté, telle est la nôtre. Je le répète, toutes les mesures seront prises.

LE CITOYEN ARAGO, *membre du pouvoir exécutif.* Elles ont été prises.

LE CITOYEN LOUIS BLANC. Je demande la parole. (Explosion de rumeurs.)

Voix nombreuses. Non ! non !

Quelques représentants. Laissez parler ! laissez parler !

LE CITOYEN AVOND. S'il s'agit d'une défense qu'on vient présenter, nous devons écouter. (Parlez ! parlez !)

Un grand nombre de représentants. Non ! non !

LE CITOYEN LOUIS BLANC. Citoyens, c'est votre liberté, c'est votre droit, c'est votre dignité que je viens défendre en ma personne. (Explosions de murmures. — A l'ordre ! à l'ordre !)

Voix diverses. Vous insultez l'Assemblée ! — Assez ! assez ! Descendez de la tribune !

LE CITOYEN LOUIS BLANC. Où serait la liberté, si elle ne trouvait pas asile dans cette enceinte? Je ne demande pas la parole pour moi seul, parce que je suis représentant du peuple... (Bruit.)

Ce que j'affirme sur l'honneur... (rumeurs prolongées), sur ce que j'ai de plus sacré, c'est que j'ignorais de la manière la plus absolue, c'est que j'ignorais ce qui devait se passer aujourd'hui dans cette assemblée... (Allons donc! allons donc!)

Un représentant. Vous n'avez jamais eu de cœur. (Exclamations diverses.)

Voix diverses. Laissez parler! laissez parler!

LE CITOYEN LOUIS BLANC. Ne croyez pas que je recule ici devant ce que je considère ici la vérité ; jamais ni la crainte des violences, ni la crainte de la mort ne me feront refouler ce qu'il y a dans ma conscience. Je vous dirai donc, au risque des exclamations que je pourrai soulever, que, bien convaincu que si, comme j'en suis profondément pénétré, il y a ici des adversaires politiques, mais enfin des hommes d'honneur et de cœur qui m'écoutent (Violente interruption), je suis convaincu que ces hommes-là croiront à la vérité de ce que je leur dirai, quand je leur déclarerai que, quant à moi, et je dis ceci avec la conviction d'un homme libre, avec la dignité, avec l'autorité d'un de vos collègues, quand je serai venu leur dire..... quant à moi, et j'en demande pardon à vos convictions, si je n'ai pas le bonheur que les miennes concordent avec les vôtres..... Je ne suis pas de ceux, en effet.....

Voix nombreuses. Allons donc! au fait! au fait!

LE CITOYEN LOUIS BLANC. Je ne suis pas de ceux qui approuvent la marche prise par l'Assemblée..... (Explosion de murmures.) Je ne suis pas de ceux qui approuvent la marche suivie par l'Assemblée. J'ai profondément regretté que dans votre règlement vous ayez inséré un article qui, suivant moi,... c'était peut-être une erreur de ma part. (Allons donc! — Assez! assez!) Mais enfin cette erreur était sincère... J'ai regretté profondément, en prévision de ce qui pouvait arriver, que vous ayez mis dans votre règlement un article qui semblait placer le peuple sous le coup d'une suspicion. (Violente interruption. — Un grand nombre de représentants adressent à l'orateur de violentes apostrophes.)

Un représentant. Ce n'est pas le peuple, car nous sommes tous du peuple, c'est le club de la rue de Rivoli.

Un autre membre. C'est une dérision. A l'ordre! à l'ordre!

LE CITOYEN LOUIS BLANC. J'ai profondément regretté, pour ma part, que lorsque je suis venu vous demander avec un désintéressement complet... (Explosion de murmures.)

Un représentant. Vous posez beaucoup trop à la tribune. Assez! assez! vous ne parlez constamment que de vous, c'est indécent...

Un autre représentant. Vous êtes à la tribune pour vous défendre, défendez-vous...

LE CITOYEN LOUIS BLANC. Je sens aux exclamations que je soulève que j'ai ici beaucoup de convictions contre moi.

Voix nombreuses. Plus que cela!

LE CITOYEN LOUIS BLANC. Je ne crois pas qu'il y ait ici plus que cela. Il ne peut pas y avoir de la haine contre moi... (Allons donc! il n'y a que du mépris!) Quant à moi, je n'ai aucun sentiment de haine à l'égard de ceux qui ne partagent pas mes convictions. (A la question! à la question!) Vous voulez que j'y vienne à la question? M'y voici. Je jure par tout ce qu'il y a de plus sacré au monde que je n'ai rien fait, absolument rien fait pour conduire le peuple ici... (Violente interruption.) Je jure par ce qu'il y a de plus sacré au monde que si je suis complétement dans les sentiments que le peuple a manifestés... (Explosion de cris: A l'ordre! à l'ordre! — Une grande partie des représentants se lève avec énergie et adresse des apostrophes violentes à l'orateur.)

LE CITOYEN PRÉSIDENT. Si le citoyen Louis-Blanc était accusé, il aurait le doit de se défendre.

LE CITOYEN LOUIS BLANC. Citoyens, je ne me suis jamais, quant à moi, fait l'homme de la violence; j'ai toujours été l'homme du droit, et je mettrais au défi qui que ce soit ici de citer de moi une parole....

(Plusieurs membres demandent la parole.)

LE CITOYEN LOUIS BLANC. Pas un mot, pas une ligne qui soit un appel à la force brutale. Quand je suis venu ici, j'y suis venu dans la plus profonde ignorance de ce qui devait s'y passer. Hier, comme tout le monde, j'avais entendu parler d'une manière vague d'une manifestation qui devait avoir lieu aujourd'hui. Eh bien, cette manifestation, je l'ai déplorée dans le fond de mon cœur, et j'ai dit... (interruption. — Rires d'incrédulité), et j'ai dit que je l'avais déplorée à plusieurs de mes amis que je suis bien aise de trouver l'occasion de venir défendre à cette tribune, parce que, si je ne le faisais pas, je serais un lâche.

Une voix. Vous l'êtes. (Mouvements divers.)

LE CITOYEN LOUIS BLANC. Et parmi ces amis je citerai Barbès. (Exclamations.) Oui, Barbès, et que rien au monde ne pourra me faire taire ce qui est la vérité. Je dois à la vérité, pour laquelle je professe autant de respect que pour l'Assemblée.....

Un membre. L'Assemblée que votre ami Barbès a dissoute.

LE CITOYEN LOUIS BLANC. Pour l'Assemblée qui, elle-même, ne peut réclamer de respect qu'autant qu'elle en montre pour tout ce qui est liberté, vérité, justice.

Un membre. Et tout ce qui n'est pas utopie.

Un représentant. Êtes-vous allé à l'Hôtel-de-Ville ?

LE CITOYEN LOUIS BLANC. Non! Je suis revenu ici reprendre mon poste de représentant. (Assez! assez!) Et voilà l'homme qui a été insulté par ceux qui devaient le défendre. (Murmures.)

Je me résume en quelques mots..... L'enceinte a été envahie ; on m'a dit qu'il fallait calmer les hommes qui avaient envahi cette enceinte..... (Interruption.)

J'étais convaincu, quant à moi, de la nécessité de faire respecter l'Assemblée. (Dénégations.)

Je suis monté à cette tribune pour le dire. (Assez ! assez !)

Un membre. Quand on vous accusera vous vous défendrez ; c'est par trop occuper l'Assemblée de votre personnalité. (Assez ! assez !)

(Le citoyen Louis Blanc descend de la tribune.

Les citoyens Lefort-Gonssollin et Victor Grandin se précipitent à la tribune.

Le citoyen Marrast se dirige aussi à la tribune.)

LE CITOYEN LEFORT-GONSSOLLIN. L'orateur qui descend de cette tribune a mis toute l'Assemblée au supplice. (Bruit.)

Voix diverses. Laissez parler le citoyen maire de Paris.

LE CITOYEN LEFORT-GONSSOLLIN. Très-volontiers.

LE CITOYEN MARRAST. Citoyens représentants, je me reprocherais, dans les circonstances où nous sommes, d'apporter ici des paroles qui pourraient ajouter à l'émotion bien naturelle de l'Assemblée. Je veux seulement l'entretenir d'un incident de la journée qui appelle sa délibération, et sur laquelle j'ai moi-même besoin d'avoir son sentiment, afin de dégager ma responsabilité. (Mouvement d'attention.) Après la scène qui a eu lieu dans cette enceinte, des colonnes conduites par quelques hommes, dont la justice aura plus tard à apprécier la situation, se sont rendues à l'Hôtel-de-Ville : les forces qui étaient accumulées près de l'hôtel n'étaient pas suffisantes pour les empêcher d'entrer; les grilles ont été fermées, et une certaine quantité de citoyens ont envahi l'hôtel; ils se sont transportés dans une des salles, où ils ont proclamé un gouvernement provisoire; celui-là n'a pas suffi, on en a proclamé un deuxième.

Pendant ce temps, la garde nationale est arrivée; d'après les ordres qui lui avaient été transmis, et aussitôt que nous avons été maîtres de la place, nous avons fait entrer un bataillon de garde nationale et de garde mobile dans l'intérieur de l'hôtel.

Nous avons fait cerner les citoyens qui s'étaient institués ainsi gouvernement au nom du peuple, et, un instant après, j'ai cru pouvoir donner l'ordre, autorisé du reste par deux membres de la commission exécutive présents, d'arrêter toutes les personnes qui se trouvaient là, J'ai le regret d'annoncer à l'Assemblée que, parmi les citoyens arrêtés, se trouvent par accident deux de ses membres, le citoyen Barbès et le citoyen Albert.

Aussitôt que j'en ai été informé, j'ai cru devoir, en ma qualité de représentant, les faire venir dans une chambre et faire appeler le citoyen Albert près de l'adjoint. Ils y sont dans ce moment-ci. Je les aurais rendus immédiatement à la liberté, parce je ne crois pas qu'il dépende d'aucun de nous de violer, dans la personne d'un de ses collègues, le caractère d'inviolabilité qui appartient à un membre de l'Assemblée nationale; mais j'ai craint que, dans l'état d'exaspération où se trouvaient en ce moment les esprits, s'ils avaient été reconnus, ils ne fussent exposés à des périls trop certains. Ces deux citoyens sont dans ce moment-ci encore à l'Hôtel-de-Ville. Je prendrai à cet égard-là les mesures que l'Assemblée nationale jugera à propos d'ordonner.

Plusieurs voix. C'est déjà fait!

LE CITOYEN LANDRIN. Citoyens, l'Assemblée nationale a rendu un décret; elle a autorisé des poursuites contre deux de ses membres, et, en conséquence, le procureur général près la cour d'appel m'a requis, en qualité de procureur de la République, de diriger immédiatement des informations; le réquisitoire est lancé, les mandats d'amener sont lancés, rien ne peut arrêter leur exécution; voilà pour le citoyen Barbès. Ce que vient de nous dire le citoyen Marrast ne nécessite de notre part qu'un mot ; ce que je demande, c'est qu'à l'autorisation des poursuites à exercer contre le citoyen Barbès, vous joigniez l'autorisation de poursuites par les mêmes raisons contre le citoyen Albert. (Oui ! oui !)

Voix nombreuses. Et Courtais !

D'autres voix. C'est fait.

LE CITOYEN PRÉSIDENT. La proposition est-elle appuyée? (Oui ! oui !) Quelqu'un demande-t-il la parole contre?

LE CITOYEN FLOCON. Moi !

(Le citoyen Louis Blanc se précipite à la tribune.)

LE CITOYEN LOUIS BLANC. Citoyens, je dois vous déclarer qu'Albert, que j'ai vu hier, était dans la même situation d'esprit que moi, relativement à la manifestation d'aujourd'hui. (Vous n'avez pas la parole.) Rien au monde ne m'empêchera de dire ce qui est la vérité..... (Bruit.)

LE CITOYEN PRÉSIDENT. La parole est au citoyen Flocon.

LE CITOYEN FLOCON. Citoyens, pendant le temps que j'ai quitté l'Assemblée, des mesures ont été prises par vous. Je ne vous demande pas de revenir sur ces mesures ; je vous demande..... (Bruit.) Pourrai-je exprimer mon opinion? (Oui ! oui !) Je fais mon devoir et vous allez le comprendre. Je vous demande de ne pas aller plus loin pour aujourd'hui dans cette voie : voilà ce que je vous demande. (Comment donc ! et pourquoi !)

Je vous le dis, citoyens, ma parole peut avoir quelque autorité, car je suis habitué à peser les mouvements populaires ; je n'ai reculé devant aucun, et dans cette enceinte, aujourd'hui même, je crois vous avoir montré à tous que, quand il s'agissait de se mettre entre les émotions et les violations du droit des citoyens, je n'épargnais pas ma personne. (Oui ! très-bien !)

Permettez-moi donc d'invoquer ce souvenir-là comme les autres. C'est au nom des efforts que j'ai faits pour rétablir le calme ici, que je juge, que je vous demande d'écouter mon jugement sur ce qui pourrait empêcher le rétablissement du calme au dehors. Ecoutez-moi : je n'ai pas beaucoup de choses à vous dire, mais, j'en suis certain, de grandes émotions seront le résultat dans la population de ce qui s'est passé dans cette journée. Eh bien, il n'est pas un bon citoyen qui ne déplore amèrement quelles pourraient en être les conséquences ; il n'est pas un de nous qui ne doive reculer devant elles. (Mouvement.) Et s'il y a des moyens qui puissent empêcher ces conséquences fatales que je n'ose pas même indiquer ici..... (Rumeurs.)

Eh bien, je vous demande, au nom de votre propre principe, au nom du principe même qui vous couvre, de les adopter. Faites bien attention que nous débutons dans la carrière d'action et de réaction de partis. (Murmures.)

Plusieurs voix. A l'ordre!

LE CITOYEN FLOCON. Je demande à expliquer ma pensée qui a été mal comprise. Il n'est pas possible que l'histoire de la France ne soit pas présente à tous nos esprits. Eh bien, assurément l'Assemblée nationale ne peut pas entrer dans des voies qui la ramèneraient à de funestes conséquences. (Allons donc! — Interpellations diverses.)

Un représentant. La peine de mort est abolie en matière politique.

LE CITOYEN FLOCON. J'espère bien qu'elle ne sera jamais rétablie.

Le même représentant. Je le jure quant à moi.

LE CITOYEN FLOCON. Je vous le demande au nom du calme et de la tranquillité; il y a deux choses qui devraient nous occuper principalement. Laissez aux lois leur cours. (C'est ce qu'on fait.)

Faites une information, mais ne décrétons pas de mise en accusation.

LE CITOYEN LANDRIN. Non, non il n'y aura pas de mise en accusation.

LE CITOYEN FLOCON. Alors je suis bien heureux d'avoir amené cette explication, car chacun s'y était mépris.

LE CITOYEN LANDRIN. Il y a ici confusion de la part du citoyen Flocon. Il n'y a pas de mise en accusation; il n'y a qu'une information nécessitée par la position dans laquelle s'est trouvée peut-être malgré lui (je le veux, je le souhaite, je l'espère), le citoyen Albert; mais cette mesure n'implique pas son accusation, sa culpabilité.

Reste à savoir si l'Assemblée jugera que cette situation était telle qu'il y ait prudence d'ordonner que des mandats d'amener soient lancés aussi bien contre lui que contre l'autre. (Oui! oui!) Je ne m'en fais pas le juge. Je ne le demande pas, mais je dis qu'il faut, si la mesure doit être prise, qu'elle soit prise par vous comme à l'égard des deux autres. (Oui! oui!)

LE CITOYEN PRÉSIDENT. L'Assemblée se croit-elle suffisamment éclairée? (Oui! oui!)

Alors je répète la formule du premier décret que vous avez rendu.

« L'Assemblée nationale autorise le procureur général près la cour d'appel de Paris, à exercer des poursuites contre le citoyen Albert, représentant du peuple, et à ordonner sa mise en état d'arrestation. (Non! non! — Si! si!)

(Ce décret est mis aux voix et adopté à l'unanimité.)

LE CITOYEN GARNIER-PAGÈS. C'est au nom du pouvoir exécutif qu'on avait voté.

Nul ne peut en effet poursuivre un représentant, qui est inviolable, sans l'autorisation de l'Assemblée.

LE CITOYEN MARIE, *membre de la commission exécutive.* Citoyens représentants, la commission du pouvoir exécutif a dû prendre toutes les mesures pour faire cesser l'attentat commis contre l'Assemblée nationale.

L'Assemblée nationale est libre, mais il reste des devoirs à remplir au pouvoir exécutif. Il faut que maintenant, pour l'accomplissement de ses devoirs, il apporte tout son temps et tout son dévouement; nous nous sommes rendus au milieu de vous pour nous inspirer de vos sentiments, pour nous fortifier de votre énergie; cette énergie, nous l'avons comme vous-mêmes; (très-bien! bravo!) ces sentiments, nous les avons tous partagés et nous les partageons; il faut que l'Assemblée nationale soit respectée de tous (applaudissements), et tant que le pouvoir sera en nos mains, soyez sûrs qu'elle le sera.

Les portes de la justice vont s'ouvrir; laissez-nous maintenant, nous allons, nous commission exécutive, nous rendre au Luxembourg, et commencer les investigations auxquelles nous devons nous livrer, et soyez sûrs qu'une réparation éclatante ne manquera pas à l'Assemblée nationale; (immenses acclamations! bravo!) et soyez sûrs que le pouvoir exécutif placé en nos mains sera aussi fermement soutenu que s'il était dans celles de l'Assemblée nationale.

Nous vous demandons maintenant la permission de nous retirer et de faire notre devoir pour la répression contre l'attentat, comme nous l'avons fait pour empêcher l'attentat. (Nombreux applaudissements.)

LE CITOYEN PRÉSIDENT. Citoyens, je suis chargé de vous dire que les délégués de toutes les gardes nationales de France se sont réunis, se sont organisés et se sont mis à la disposition de l'Assemblée nationale. (Bravo! bravo!)

J'ai encore une autre observation à vous faire.

On a parlé de voter un décret pour déclarer que la garde nationale, la garde mobile et la troupe de ligne avaient bien mérité de la patrie.

Ce décret a été dans la pensée de l'Assemblée, mais il n'a pas été voté. Je vous propose de le voter.

(L'Assemblée entière se lève et vote le décret par acclamation.)

LE CITOYEN PRÉSIDENT. Le décret est voté par acclamation.

Je dois ajouter qu'un grand nombre de délégués des départements, qui appartiennent sans doute à la garde nationale, mais qui ne sont pas venus en uniforme, se sont mis également à la disposition de l'Assemblée. Je pense que l'Assemblée doit leur voter également des remercîments.

(L'Assemblée se lève encore tout entière.)

LE CITOYEN PRÉSIDENT. Le décret est voté également à l'unanimité.

Un représentant dans l'hémicycle. Je crois que, pour être juste, la reconnaissance de l'Assemblée doit aussi se porter sur les élèves de l'école polytechnique.

Voix nombreuses. Oui, sur tous les élèves des écoles.

LE CITOYEN CEYRAS. Citoyens représentants, deux de vos collègues ont été privés, pendant deux heures, de prendre part à vos travaux ; deux de vos collègues, le citoyen Ceyras, qui vous parle, et le citoyen Lasteyrie ont été emprisonnés pendant deux heures à l'Hôtel-de-Ville. Vos deux collègues ont été empoignés, colletés, presque renversés aux pieds, et leur vie a été mise en péril sur la place de l'Hôtel-de-Ville. (Par qui ?) Je vais vous raconter comment nous nous y sommes trouvés. Nous avons assisté à toute cette malheureuse séance où votre majesté a été violée. Nous sommes restés jusqu'à la fin ; nous sommes même revenus après, et, quand nous avons vu qu'il n'y avait pas de place pour nous, nous sommes sortis.

Mais quand, à peine sortis, nous avons vu se diriger, pour protéger l'Assemblée nationale, la force armée, nous sommes revenus ici, et nous, dixième, nous sommes passés à la suite des citoyens Ledru-Rollin et Lamartine. Chemin faisant, une inspiration nous est venue ou plutôt nous a été dictée, celle de mettre notre carte à notre chapeau ; ce signe nous a été propice, il nous a valu des acclamations le long de la route ; mais, citoyens représentants, arrivés à l'Hôtel-de-Ville, après avoir assisté à la reprise de possession par le pouvoir légitime sur le pouvoir usurpateur, nous avons voulu revenir avec notre cortége à l'Assemblée nationale ; la foule était telle qu'en descendant l'escalier nous avons été séparés de ce cortége et que j'arrivai seul sur la place. Ces cartes qui nous avaient été si favorables en allant, nous ont été funestes en revenant. Je vous le répète, nous avons été saisis par des gardes nationaux, sans doute c'était dans les meilleures intentions du monde. (Assez ! assez !)

Ce n'est pas pour appeler votre attention sur nous que je fais ce récit ; voilà où je veux en venir ; c'est que cette carte est un signe insuffisant ; c'est un signe douteux, un signe trivial ; il a été pris pour une carte de spectacle, et c'est ce qui nous a valu cette mésaventure.

Ce n'est pas tout. (Assez ! assez !)

Je veux ajouter une considération générale ; c'est à quoi je tiens surtout ; c'est à ce que ces collègues, qui étaient venus avec moi, ne soient pas notés demain dans les journaux comme ayant éte complices des envahisseurs de votre pouvoir. (Assez ! assez !)

Un représentant. Vous venez d'entendre un membre de votre commission exécutive vous dire que le Gouvernement prenait sur lui de poursuivre avec activité les auteurs de cette violation inouïe dont nous avons été témoins dans cette Assemblée. Je pense que nous avons raison de nous confier, pour la répression de ce désordre, à notre commission gouvernementale ; mais, comme l'Assemblée s'est déclarée en permanence, et comme elle est loin du Gouvernement, je demande formellement que la commission gouvernementale instruise tous les quarts d'heure l'Assemblée de toutes les mesures qu'elle jugera à propos de prendre, afin que nous puissions agir avec accord.

Plusieurs voix. Assez ! assez ! Monsieur le président, levez la séance.

LE CITOYEN PRÉSIDENT. Silence ; toute délibération devient impossible au milieu d'un tel bruit.

Citoyens, on demande que la séance soit levée. (Non ! non ! — Si ! si !)

Quelques voix. En permanence ! en permanence !

LE CITOYEN PRÉSIDENT. La parole est au citoyen Flocon pour une communication de la commission exécutive.

LE CITOYEN FLOCON, *ministre du commerce et de l'agriculture.* Je n'ai qu'un mot à dire à l'Assemblée.

En notre qualité de ministre aux ordres de la commission exécutive, nous sommes appelé à nous rendre auprès d'elle. Que l'Assemblée comprenne bien pourquoi nous la quittons dans ce moment. Si elle avait levé la séance, l'explication serait inutile; mais l'Assemblée restant en permanence... (Non! non!) l'Assemblée restant en séance, nous sommes obligé de lui expliquer le motif de notre absence. (Bien! bien!)

LE CITOYEN PRÉSIDENT. Citoyens... (Interruption.)

Ecoutez donc, je ne puis me faire entendre au milieu de ces voix qui parlent toutes à la fois. Je ne vous demande qu'une minute de silence.

LE CITOYEN MONTREUIL. Citoyens représentants, je viens m'opposer à ce que l'Assemblée reste en permanence; en voici les motifs...

Plusieurs voix. On est d'accord là-dessus.

LE CITOYEN MONTREUIL. La commission exécutive est rassemblée au Luxembourg; les ministres vont s'y rendre, et la ville de Paris tout entière a besoin que la garde nationale fasse un service actif, afin que les perturbateurs ne puissent pas profiter de cette nuit pour nous créer de nouveaux obstacles demain; or, vous concevez parfaitement que si nous avons plusieurs milliers d'hommes qui entourent en ce moment l'Assemblée nationale, il est convenable, ce me semble, puisqu'il n'y a pas de péril pour elle, de permettre que ces milliers d'hommes se disséminent dans la capitale, et y exercent une action qui soit à la fois pacifiante et qui puisse nous permettre, demain, de vaquer à nos travaux dans tout le calme de la réflexion. (Assez! assez!)

Il y a une parole que j'ai entendue tomber de cette tribune : on a dit qu'à côté de la répression il fallait craindre la réaction; eh bien, je le déclare, dans notre pensée, il n'y a pas de réaction possible; (non! non!) nous voulons tous la République démocratique et populaire.

De toutes parts. Oui! oui! — Très-bien!

LE CITOYEN MONTREUIL. Lors donc qu'on nous parle d'une réaction, on nous jette dans un inconnu que nous n'aborderons jamais. Nous sommes venus de nos provinces avec l'intention de donner à la victoire du peuple un cachet indélébile, pour confirmer cette victoire et non pour la combattre. Maintenant, je le dirai, la journée a été bonne, car le triomphe de l'ordre, c'est aussi le triomphe de la liberté. (Très-bien!)

LE CITOYEN PRÉSIDENT. Citoyens, je propose de renvoyer la séance à demain dix heures, et de reprendre l'ordre du jour qui a été interrompu aujourd'hui. (Oui ! oui !)

(L'Assemblée, consultée, renvoie la séance à demain dix heures.)

La séance est levée à neuf heures dix minutes.

Une proclamation est immédiatement publiée par la commission du pouvoir exécutif sur le dévouement et la patriotique unanimité de la garde nationale et de l'armée, dans cette mémorable journée, pour la défense de la République contre l'anarchie.

Ce compte rendu était sous presse lorsque de douloureuses catastrophes sont venues épouvanter la capitale et porter le deuil dans toute la France.

Nous n'essayerons pas, pour le moment, de relater les horreurs de cette guerre civile, qui pendant quatre jours ont ensanglanté le pavé de Paris. Nous n'entrerons pas non plus dans aucun détail sur les causes qui ont amené ces malheureux événements et qui semblent se relier à l'attentat du 15 mai contre la représentation nationale.

Nous nous occupons de recueillir les faits qui se rattachent, soit à la préparation, soit à l'exécution de l'insurrection des 23, 24, 25 et 26 juin, ainsi qu'à la journée du 15 mai, nous les publierons incessamment dans une nouvelle brochure du même format que celle-ci et qui contiendra :

1° Le compte rendu officiel de la séance permanente de l'Assemblée nationale à partir du 23 juin ;

2° Le rapport de la commission du gouvernement sur les causes de l'attentat du 15 mai et de l'insurrection de juin 1848.

Typographie de H. VRAYET DE SURCY et C°, rue de Sèvres, 37.

www.ingramcontent.com/pod-product-compliance
Ingram Content Group UK Ltd.
Pitfield, Milton Keynes, MK11 3LW, UK
UKHW020201200726
13856UKWH00003B/1122